내 손으로 짓는 작은 집
가든 하우스 만들기

Ketteiban Gardenhouse no Tsukurikata
© Gakken Publishing 2012
First published in Japan 2012 by Gakken Publishing Co., Ltd., Tokyo
Korean translation rights arranged with Gakken Publishing Co., Ltd.
through PLS Agency.
Korean translation edition © 2014 by Hans Media, Korea.

이 책의 한국어판 저작권은 PLS를 통한 저작권자와의 독점 계약으로 한스미디어에 있습니다.
신 저작권법에 의하여 한국어판의 저작권 보호를 받는 서적이므로 무단 전재와 복제를 금합니다.

가든 하우스 만들기

· 《두파!》 특별 편집 | 박재영 옮김 ·

한스미디어

Contents

프롤로그를 대신하며
작은 집 만들기가 주말의 목공 작업에 설렘을 준다! • 6
도해 2×4 공법으로 만든 가든 하우스 • 10
도해 재래 공법으로 만든 가든 하우스 • 12

Part 1

SELF-BUILD GARDEN HOUSE BEST SELECTION
직접 만든 가든 하우스의 실제 사례 모음

조립식 자재를 이용한 미니 통나무 공방 ◎사이토 하우스 • 16
현관 앞의 미니 우디 하우스는 태양광 발전소 ◎야다 하우스 • 18
디자인을 중시한 예쁜 쁘띠 가든 하우스 ◎우에키 하우스 • 20
직접 만든 취미 공간에서 낚시 인조 미끼 만들기에 몰두하다 ◎스기야마 하우스 • 22
음악을 하는 친구들의 미소가 넘치는 '오르간의 집' ◎핫토리 하우스 • 24
다양한 취미를 추구하는 남자의 차고 ◎가사이 하우스 • 26
우드 덱을 만들어 안채와 연결한 가족 모두의 별채 ◎가토 하우스 • 28
이용이 편리한 아이디어 수납 공방 ◎다나카 하우스 • 30
조용한 별장의 정원에 아틀리에를 만들어 작업에 몰두하다 ◎무라이시 하우스 • 32
미끄럼틀이 있는 통나무 오두막풍의 트리 하우스 ◎마에다 하우스 • 34
전면에 아크릴을 깐 선룸 ◎무라마쓰 하우스 • 36

Column 1
나의 작은 집 만들기 1 ◎도요다 다이사쿠 • 38

Part 2

GARDEN HOUSE & SHED SELF-BUILD MANUAL
가든 하우스와 창고 만들기 실전 매뉴얼

간단한 2×4 공법을 이용한 가든 하우스 만들기 • 44

Step 1 계획과 준비
Step 2 기초, 토대, 장선
Step 3 측면 패널 설치
Step 4 트러스, 마룻대 올리기
Step 5 지붕 덮기
Step 6 사이딩(외벽)과 바닥 깔기
Step 7 창문, 문 부착
Step 8 도장과 마감 작업 / 완성

1.5평의 미니 가든 하우스 만들기 • 64

Step 1 계획과 준비
Step 2 기초, 토대, 장선
Step 3 바닥 깔기
Step 4 벽면 패널의 뼈대, 서까래, 착고

Step 5 벽면 패널
Step 7 벽 붙이기
Step 6 처마널과 박공널, 지붕
Step 8 창문, 문 / 완성

집 벽을 이용한 정원 창고 만들기 • 78
Step 1 계획과 준비
Step 3 토대, 멍에, 바닥 깔기
Step 5 서까래, 샛기둥
Step 7 외벽과 모서리 장식, 박공널, 착고
Step 9 도장과 마감 작업 / 완성
Step 2 기초
Step 4 기둥, 도리
Step 6 지붕 덮기
Step 8 문 부착

오두막풍의 창고 만들기 • 90
Step 1 계획과 준비
Step 3 지붕널과 벽 붙이기, 문 만들기
Step 2 기초, 바닥, 벽 패널 틀, 지붕 뼈대
Step 4 문과 트리밍 부착, 지붕 덮기, 도장 작업 / 완성

고상식 미니 하우스 만들기 • 100
Step 1 계획과 준비
Step 3 측면 패널 설치
Step 5 마룻대, 서까래, 처마널, 박공널, 박공벽, 지붕널
Step 6 지붕 덮기
Step 8 덱, 계단
Step 2 기둥, 토대, 바닥
Step 4 사이딩(외벽)
Step 7 도장 작업
Step 9 창문, 문 / 완성

Column 2
고상식 미니 하우스 만들기 2 ◎와키노 슈헤이 • 112

권말 기획
가든 하우스 제작에 유용한 공구 사용 방법 • 116
가든 하우스 제작에 유용한 목공 기술 • 121
자재 가이드와 구입 방법 • 124
가든 하우스를 직접 만들 때 필요한 공구 갖추기 • 128

색인 • 130

* 이 책에 실린 데이터는 취재 당시의 자료입니다.
* 이 책을 참고하여 제작하실 때는 안전에 충분히 유의하시고 개인이 책임을 지고 작업하기 바랍니다.

프롤로그를 대신하며

작은 집 만들기가 주말의 목공 작업에 설렘을 준다!

당신의 정원에 여유 공간이 있다면 자기 손으로 직접 작은 집을 지어보면 어떨까?

손수 만드는 가든 하우스는 면적이 좁은 곳에도 충분히 지을 수 있다.

취미 공간, 공방, 은신처, 아이들 방, 게스트 하우스.

이렇듯 다양한 용도로 집을 만들 수 있다.

단, 이 책에서는 효용성보다는 집 만들기 자체에서 느낄 수 있는 즐거움을 전하려고

한다. 가든 목공의 규모를 조금만 키우면 집도 지을 수 있다.

정말이다. 확실히 집 만들기는 어렵고 심오한 일이지만 의외로 간단하다.

이 책은 주말 목공 DIY의 연장선상에서

집도 지을 수 있다는 사실을 증명한 보기 드문 설명서다.

당신도 이 책을 통해 집 만들기를 마음껏 즐기기 바란다.

자기 손으로 직접 집을 만들면 설계나 납기일에서 자유롭다

집을 지으려면 전문가에게 맡기는 것이 가장 좋다는 말은 상식이다. 인간이 생활하기 위한 다양한 조건을 충족하면서 안전하고 튼튼한 집을 지으려면 확실히 시공 기술 외에도 수많은 장애물을 넘어야 한다.

일단 내진 대책, 수도 공사, 전기 배선 지식, 방화 태세, 자재 등 건축물에 대한 규제만 해도 엄청나니 그 번거로움은 우리의 상상을 훨씬 뛰어넘는다. 전문적인 지식과 대책이 요구되는 건축허가신청서 제출이 그 대표적인 사례다.

그런데 이러한 규제를 면할 수 있는 예외가 있다. 바로 자기 집 정원에 3평(10㎡) 이하의 단순하고 작은 집을 직접 짓는 경우다. 이 경우에는 건축 신청을 할 필요도 없다(한국의 경우 바닥 면적의 합계가 85㎡ 이내인 경우의 증축·개축 또는 재축은 건축허가를 받지 않고 건축신고로 가능하다). 그저 업자에게 전기 배선을 의뢰하고 수도는 정원의 수도꼭지에서 끌어오면 합법적으로 집을 지을 수 있다. 3평이면 취미 공간이나 게스트 하우스, 작은 공방으로는 적당한 넓이가 아닐까? 게다가 건축 규모가 작아서 작업량도 비교적 적은 편이고 대량의 자재나 중장비도 필요 없다. 그저 집을 짓고자 하는 의욕과 최소한의 체력, 또 쉬운 가든 목공 작품을 만들 수 있을 정도의 목공 기술과 공구만 있으면 된다.

물론 기초부터 시작해서 토대, 벽, 지붕, 문과 창문의 창호 공사 등 여러 가지 난관이 기다리겠지만 이 책을 참고하면 쉽게 해결할 수 있을 것이다.

그러니 전혀 두려워하지 말자. 내 집 정원에 만드는 작은 집은 다른 누구도 아닌 나 자신을 위한 것이다. 실패하면 다시 만들면 그만이다. 다른 사람이 정해놓은 납기일을 맞출 필요도 없고 설계 변경이나 예산도 자유롭다. 취미 생활을 즐기듯 내 식대로 천천히 만들면 된다.

언젠가 집 모양이 잡히고 당신을 바라보는 가족의 눈빛이 달라질 즈음이면 분명히 자기 손으로 집을 만드는 즐거움에 흠뻑 빠지게 될 것이다. 망설이고 고생해가며 집을 만들다 보면 마지막으로 완성했을 때의 감동이 기다리고 있다. 고생 끝에 낙이 온다는 속담을 몸소 느끼게 될 것이다. 이처럼 작은 집 만들기로 정말 많은 것을 얻을 수 있다.

2×4 공법으로 만든 가든 하우스

기둥과 들보로 짜 맞추는 재래 공법과는 달리 미국에서 도입된 2×4 공법은 그림과 같이 프레임으로 패널(틀벽)을 만들고 판재로 상자를 조립하듯이 만드는 방법이다. 올바른 명칭은 틀벽 공법이지만 2×4재를 주요 구조재로 사용하기 때문에 일반적으로 2×4 공법이라고 부른다.

대략 미니 하우스 정도의 규모라면 기본적으로 우드 덱(wood deck)을 만들어 그 위에 벽 4장을 세우고 지붕을 올리기만 하면 집이 완성된다. 이렇듯 작업 과정(제대로 된 2×4 공법에서는 여러 가지 복잡한 과정도 있다)이 간단하므로 손재주가 없는 사람도 의욕만 있으면 할 수 있다는 장점이 있다.

그림의 가든 하우스 역시 토대나 바닥재, 모서리 기둥 등의 구조는 최대한 간략하게 했다. 집의 규모가 작을 때는 지붕의 뼈대를 더 간략하게 해도 될 것이다. 마감할 때 아이디어를 짜내면 일본식이나 서양식으로 마무리할 수도 있다.

2×4 공법의 기본인 패널 구조

일러스트 / 이와타 신지로
* 자세한 용어 설명은 색인을 참고해주세요.(130페이지)

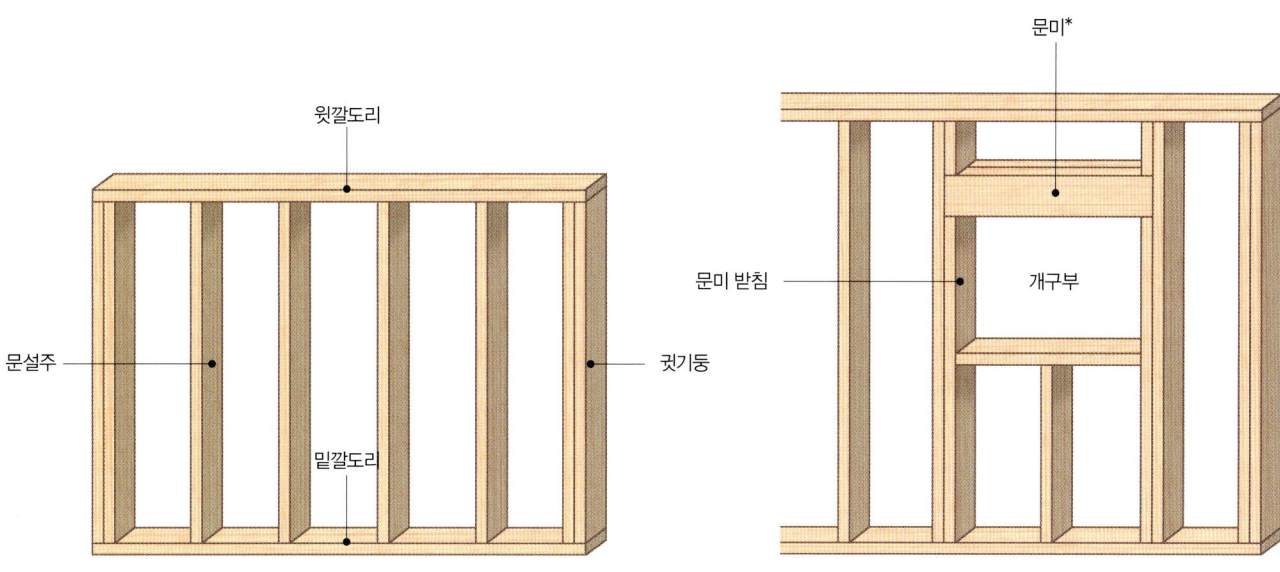

2×4 공법의 기본인 패널 구조
그림과 같이 뼈대에 합판을 붙이면 구조를 지탱하는 패널이 된다. 귓기둥은 2×재를 이중으로 붙였다.

창문 등 개구부 보강
창틀처럼 무게가 있는 창호를 넣을 경우에는 개구부 주위를 보강한다.

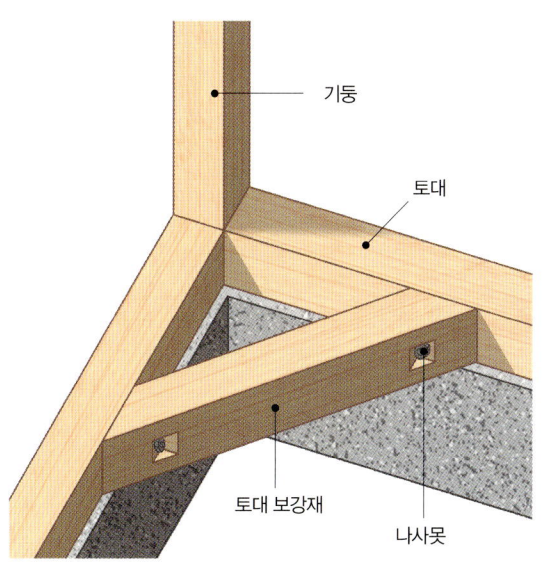

토대 보강재
토대가 직각으로 맞닿은 부분에 그림과 같이 45도 각도로 배치하는 보강재. 토대뿐만 아니라 들보 부분에 설치해도 효과적이다.

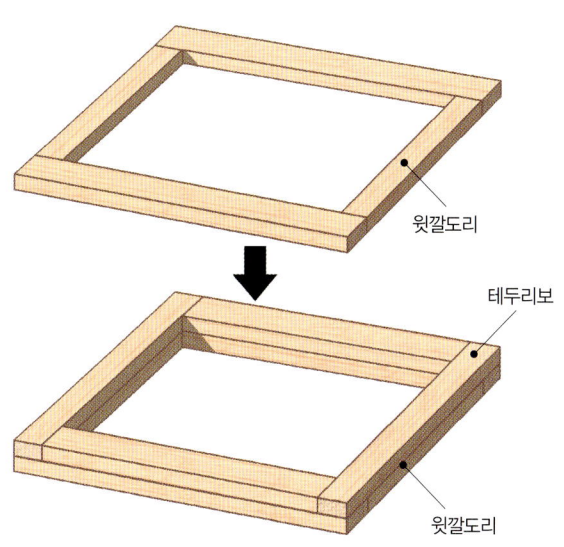

테두리보의 원리
나란히 세워놓은 패널의 윗깔도리에 접합부를 걸치듯이 2×재를 건너질러 얹고 벽 패널을 단단히 연결한다. 작은 창고는 생략해도 된다.

Woodframe Construction

도해 재래 공법으로 만든 가든 하우스

재래 공법은 옛날부터 목수들이 써온 방법으로 기둥과 들보를 짜 맞추어 집을 짓는다. 축(기둥)으로 구성되므로 축조(軸組) 공법이라고 부르기도 한다. 조립에서 가장 핵심 사항은 기둥과 들보의 접합이며, 13페이지 그림의 장부나 다양한 맞춤을 이용해서 단단히 조립하는 것이 특징이다. 하지만 현재는 여러 종류의 연결 철물을 접합해서 조립하는 방법이 고안되었으며 합리적인 2×4 공법과 조합하여 사용하는 경우도 있다.

재래 공법은 각 기둥마다 접합부를 깎아서 짜 맞추기 때문에 패널 구조로 빠른 시간에 조립할 수 있는 2×4 공법에 비해 시간과 수고가 든다. 하지만 취미로 생각한다면 충분히 즐길 수 있을 것이다. 전통 공법이다 보니 상세한 작업 과정이 실린 다양한 종류의 기술 서적도 있다.

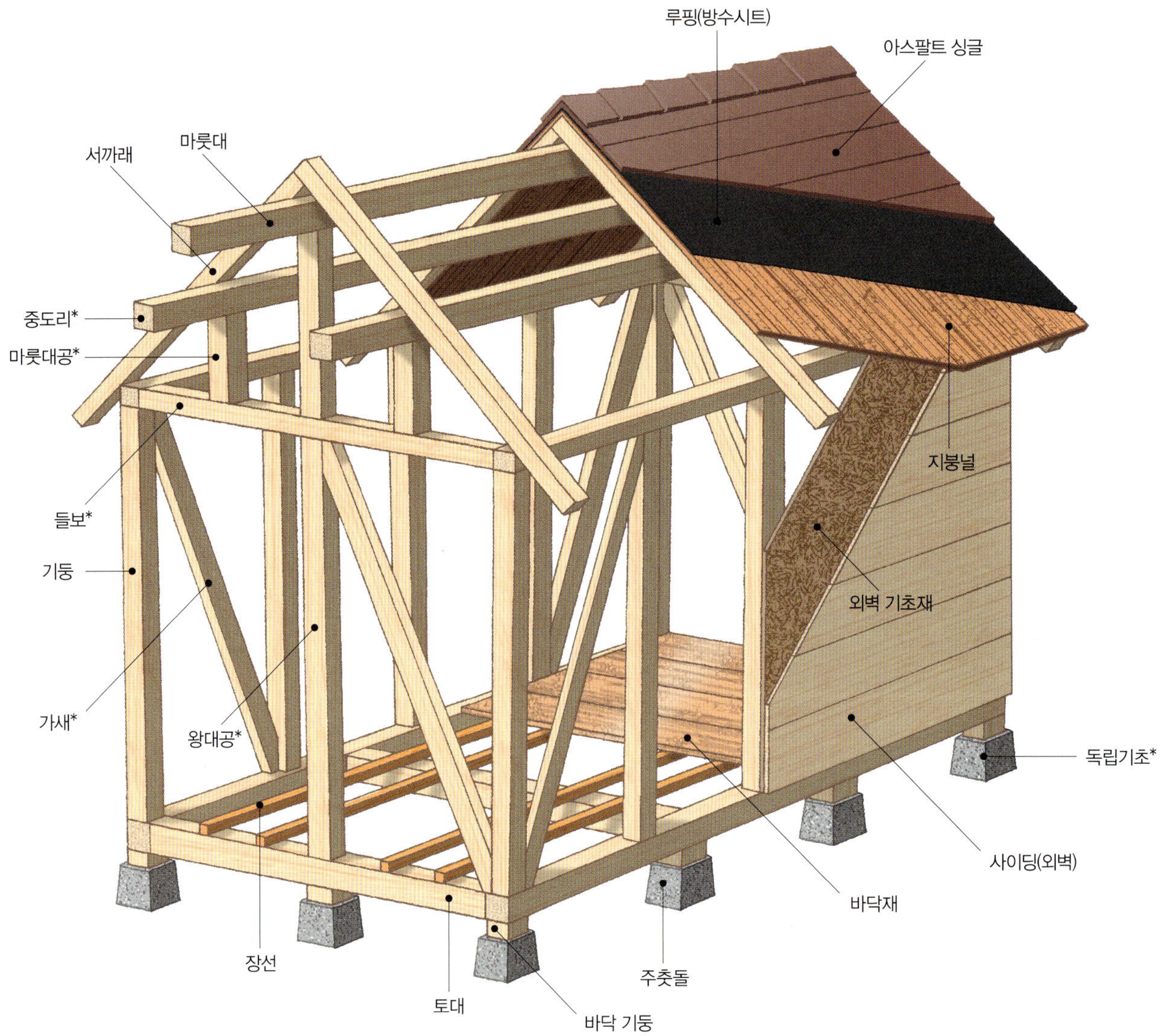

* 자세한 용어 설명은 색인을 참고해주세요.(130페이지)

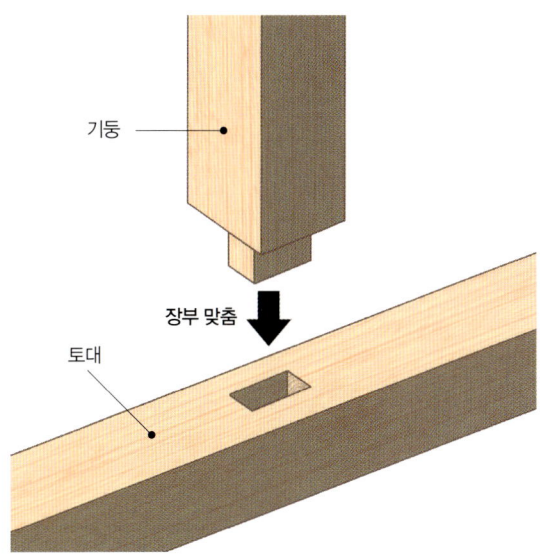

기둥의 장부 맞춤

그림과 같이 재래 공법에서 기둥을 세울 때는 기본적으로 장부(목재, 돌, 철물 등의 두 부재를 접합할 때 하나의 부재에 만들어낸 돌기)를 이용한다.

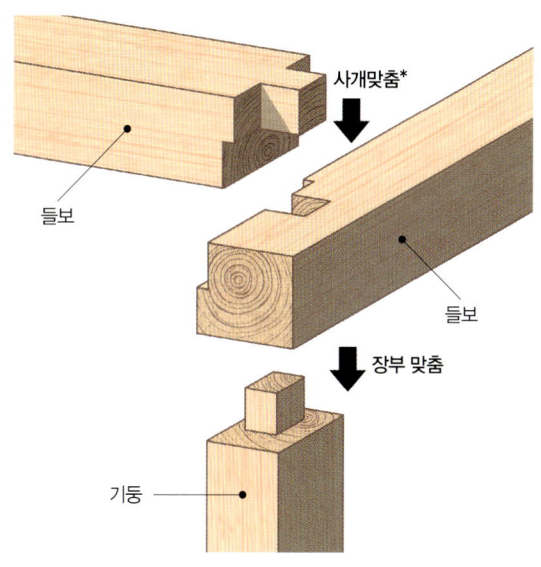

재래 공법의 뼈대 맞춤 예

재래 공법에서는 일반적으로 그림의 맞춤을 이용해서 기둥과 들보를 접합하지만 전용 연결 철물을 사용하는 방법도 있다.

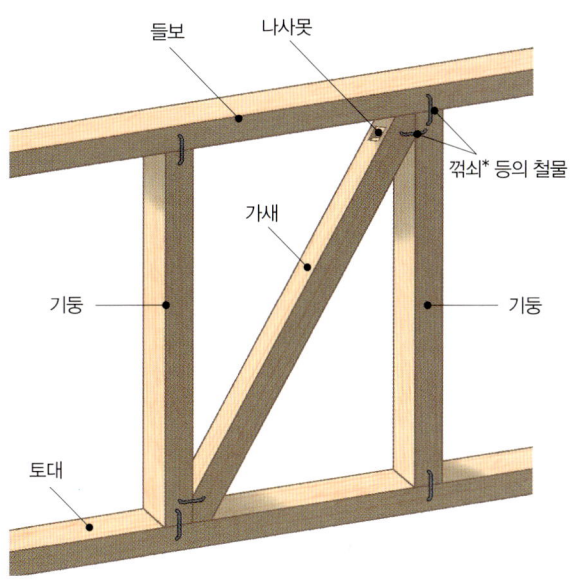

가새

그림과 같이 기둥과 기둥을 대각선으로 빗대어 가로 방향에 가해지는 힘(수평력)을 보강하는 구조다. 접합 부분은 연결 철물이나 나사못을 사용해서 단단하게 접합한다. 2×4 공법에서 도입되는 기술이 기도 하다.

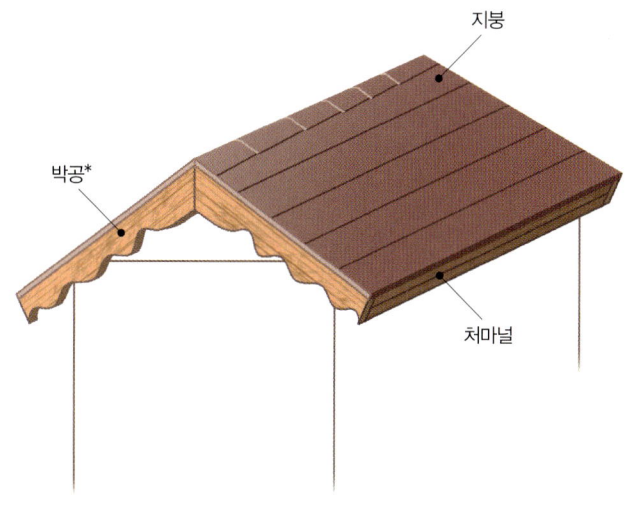

박공과 처마널

뼈대의 그림과 비교해보면 알기 쉬운데 처마널은 서까래 끝의 나무 단면을 보호하고, 박공은 마룻대 끝의 나무 단면을 보호한다. 이 기술은 2×4 공법에서도 사용된다.

Traditional Construction

Part 1
Self-Build Garden House Best Selection

직접 만든 가든 하우스의
실제 사례 모음

Part 1에서는 손수 만든 가든 하우스를 통해 '집은 스스로 지을 수 있다'는 말을 증명한 사례를 소개한다.
조립식 자재를 이용한 사람도 있고, 모든 것을 혼자 힘으로 만들어서 자신만의 성을 완성해낸 사람도 있다.
크기가 작거나 약간 볼품이 없어도 상관없다.
자기 손으로 직접 만드는 것이 중요하다.
시행착오를 되풀이해서 얻은 세상에서 하나뿐인 최고의 공간.
그곳에서 최고의 시간을 보낼 수 있을 것이다. 만든 사람의 느낌이 전해져오는 멋진 사례를 모아보았다.

Case.01 사이토 하우스
도치기 현 사쿠라 시

Self-Build Garden House Best Selection

화목난로의 온기를 즐기다
조립식 자재를 이용한 미니 통나무 공방

격자무늬 창문과 연통. 집안에서 동화나라의 난쟁이가 튀어나올 것만 같은 미니 로그 하우스다. 사진 ⓒ다카시마 히로유키

화목난로 설치도 DIY로 한다

새롭게 구입한 자택에서 정원 꾸미기를 즐기던 사이토 아키히사 씨는 화단과 가든 테이블을 만들면서 점점 DIY의 매력에 빠지게 되었다. 그러다 보니 자연히 공방이 갖고 싶어졌고, 마침 뒤뜰에 공방을 만들기에 적당한 공간이 있어서 조립식 자재를 이용해 연통이 달린 예쁜 3평짜리(약 10㎡) 미니 로그 하우스를 지었다.

도치기 지방의 겨울은 춥다. 영하 5도 정도까지 내려가는 날이 많아서 난방 기구는 필수품이다. "석유난로를 설치해도 상관없었는데 우연히 인터넷 쇼핑몰을 검색하다가 저렴한 화목난로를 발견한 거예요. 로그 하우스에 안성맞춤이라고 생각했죠."

난로를 보자마자 구입한 사이토 씨는 최대한 돈을 아끼기 위해 직접 설치하기로 했다. 처음에는 벽돌로 난로와 노벽을 만들려고 했으나 실내가 너무 좁아져서 석고보드와 철판을 조합해 만들었다. 연통도 직접 달았다. 드릴로 연통이 통과하는 구멍을 뚫어 안경 석*을 넣고, 한 장으로 된 싱글 연통을 사용했다. 어차피 어린아이도 없으니 연통이 뜨거워져도 상관없다는 생각에서였다. 그는 "장작이 타닥거리며 타는 소리가 정말 근사해요. 그래서 이곳에 있으면 시간 가는 줄 모르고 오랜 시간을 보내게 되죠"라고 말한다. 이 공방의 이름은 '도루바루(とぅるばる)'인데 오키나와 방언으로 '명해지다'라는 의미라고 한다.

*안경 석: 굴뚝이나 연도가 목조건물의 외벽을 지나는 경우에 그 주위에 부착되는 내열성 개공판으로 화재 발생을 방지하기 위하여 사용

01 심플한 화목난로가 공방에 온기를 준다. 난로와 노벽은 시중에 판매하는 제품이다.
02 실내에 테이블 톱을 놓았고, 벽에는 공구류를 걸어 수납했다.

Woody House Data

시공주 이름	사이토 아키히샤, 50세. DIY 경력 13년
공법	통나무 조립 공법(조립식 하우스)
기초	독립기초
바닥 면적	9.99㎡(고미다락 불포함)
제작 기간	약 1개월
제작비	약 1000만 원
외벽	북유럽산 소나무
바닥	북유럽산 소나무
지붕재	아스팔트 싱글

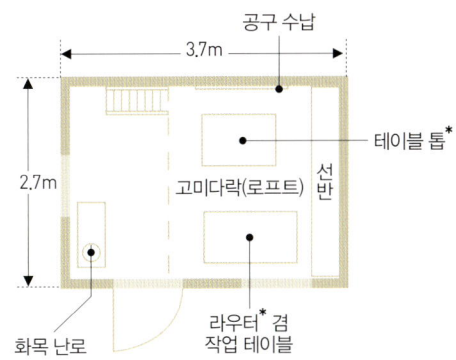

* **테이블 톱:** 테이블 소(table saw). 테이블, 원형톱, 유도 부속품으로 구성된 장치
* **라우터:** 몰딩을 갈거나 홈과 목재 연결 부위를 갈기 위해 회전하는 비트를 사용하는 휴대용 전동공구

03 입구의 바로 옆에 난로를 설치했다. 실외 연통의 길이는 수평 부분의 1.5배로 해서 연기가 잘 배출되게 했다.
04 엘보*라고 하는 접속용 연통을 연결해 연통을 구부리고 안경 석과 스테인리스 판으로 벽의 구멍을 막았다.
05 화목난로의 재미에 푹 빠진 사이토 씨.

* **엘보:** 물이나 기름, 가스 등의 유체가 이동할 수 있는 통로인 관을 연결시켜 주는 관이음 기계요소. 유체의 흐르는 방향을 일정한 각도로 변화시킬 수 있는 형태로 되어 있음

Self-Build Garden House Best Selection
Case.02
야다 하우스
도치기 현
사쿠라 시

지진을 교훈 삼아 손수 발전 시스템을 설치
현관 앞의 미니 우디 하우스는 태양광 발전소

테라스 위에 기초 패킹을 깔아 토대를 올린다

간이 차고 옆 현관에서 이어지는 테라스 위에 지은 미니 우디 하우스. 리폼 DIY에서 시작된 야다 씨의 창고 만들기도 이 작품으로 벌써 세 번째다. 창고를 지으려면 협소한 공간에 변형 디자인 기술이 필요하지만, 세 번째 작업이라 그런지 역시 여유가 느껴진다.

기초는 타일을 깐 테라스 자체를 이용했으며, 기초 패킹 위에 2×4재를 둘러치고 그 위에 건물을 지었다. 토대 부분은 진동 드릴로 테라스에 구멍을 뚫고 앵커볼트를 사용해서 테라스 위에 고정했다.

또한 외벽은 토대 위에 2×4 공법으로 패널을 세워 연결한 후 삼나무 판을 덮었으며, 지붕

현관 앞의 간이 차고 옆이라는 한정된 공간에 미니 우디 하우스를 만들었다.
사진 ◎후지이 아키후미

은 한쪽으로 경사진 뼈대 위에 합판과 루핑을 깔고 아스팔트 싱글로 마감했다. 창문이 없는 대신 채광용으로 벽에 유리블록을 끼워 넣었다. 충분히 밝지는 않지만, 날씨가 맑으면 실제로 이용하는 데는 별다른 지장이 없다고 한다.

야다 씨는 이전부터 태양광 발전에 관심이 있어서 이것저것 검토해왔었는데 동일본 대지진이 발생한 뒤 도입하기로 결심했다. 유사시에 집의 조명만이라도 자력으로 확보하고 싶은 마음에서다.

그가 도입한 태양광 시스템은 '오프 그리드(off grid)', 즉 자기 집에서만 사용하는 완전 독립 형태인데 DIY로 설치할 수 있다. 전기 관련 일을 하시는 아버지의 감독 아래 직접 배선 작업을 해가며 설치했다. 더불어 요즘은 안채의 전등도 한창 LED로 바꾸는 중이다. 백열전구 50W와 LED 2.5W의 밝기가 비슷하니 태양광으로 발전한 전력을 효과적으로 사용하기 위해서다. 앞으로는 미니 우디 하우스가 가족을 지키는 발전소 역할을 할 것이다.

지붕에 설치한 태양광 패널. 지붕은 사진 뒤쪽으로 경사진 형태이므로 태양광 패널의 다리 길이가 전부 다르다.

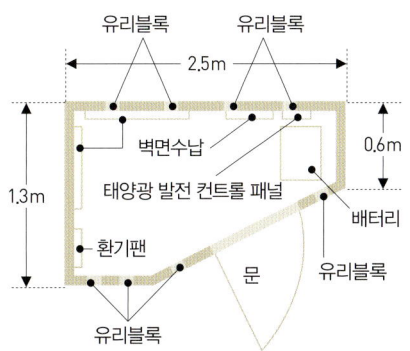

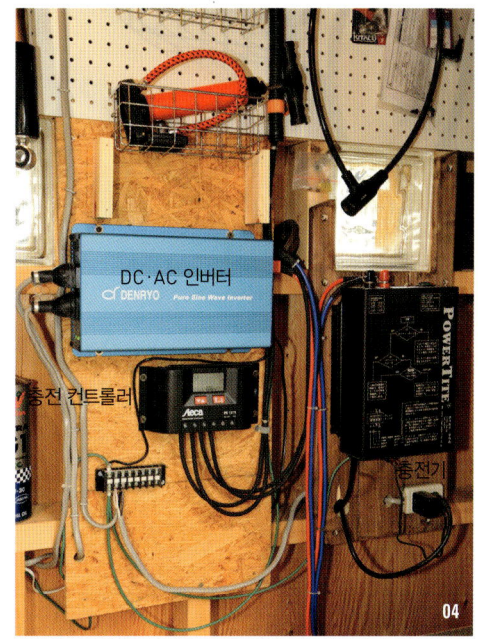

04 컨트롤 패널은 충전기와 충전 컨트롤러, DC·AC 인버터로 구성된다.
05 컨트롤 패널 밑에는 2×4재로 손수 만든 배터리 선반이 놓여 있다. 배터리 2대를 합쳐 24V가 충전된다.

01 간이 차고 쪽에서 본 미니 우디 하우스. 오토바이 한 대 길이에 딱 맞췄다. 창문에는 유리블록을 끼워 넣었다.
02 문은 폭을 1000㎜로 만들어서 오토바이를 수납할 수 있게 했다.
03 내장부만 봐도 틀을 둘러 세워서 만드는 2×4 공법을 이용했다는 사실을 알 수 있다. 벽에 가로댄 나무는 선반으로 이용한다. 사진 오른쪽의 벽에 태양광 발전 시스템이 설치됐다.

Woody House Data

시공주 이름	야다 고지로 씨. 45세. DIY 경력 6년
공법	2×4 공법
기초	온통기초
바닥 면적	약 2.7㎡
제작 기간	약 1개월
제작비	약 50만 원
외벽	삼나무 판
바닥	타일
지붕재	아스팔트 싱글

019

Self-Build Garden House
Best Selection

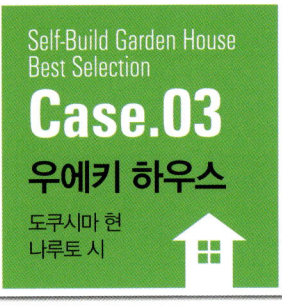

Case.03

우에키 하우스

도쿠시마 현
나루토 시

지붕 위에는 수탉 모양의 풍향계가 달려 있고
문에서는 다람쥐가 반긴다

디자인을 중시한 예쁜 쁘띠 가든 하우스

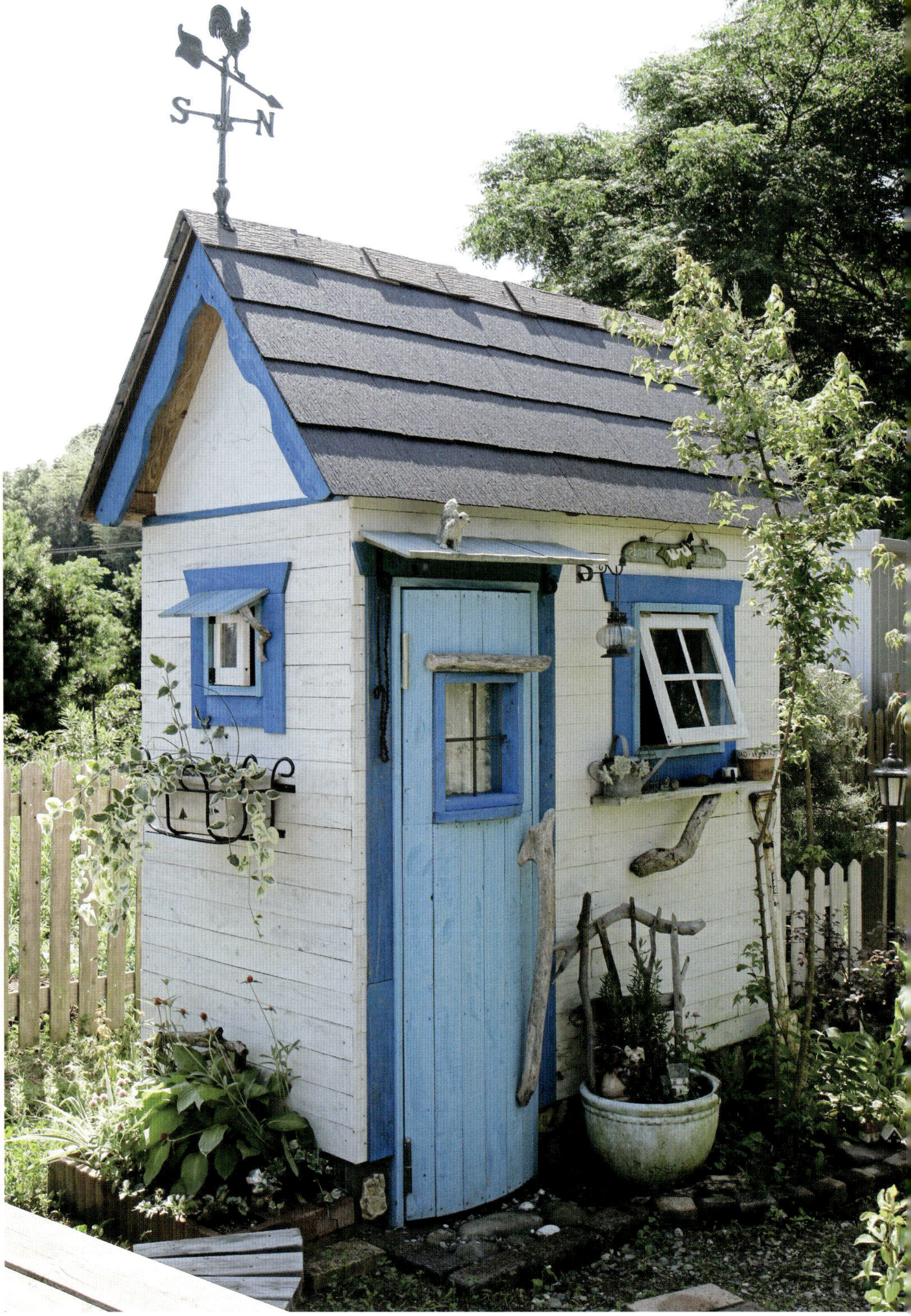

폭 1800㎜×안길이 900㎜×높이 2500㎜의 가든 하우스. 마치 집안에서 요정이 나타날 것처럼 디자인이 예뻐서 창고로 쓰이는 공간이라고는 생각할 수 없을 정도다. 둥그스름한 문은 작은 집의 사랑스러운 분위기와 잘 어울린다. 지그소*를 이용해 뼈대를 곡선으로 다듬어 문틀에 부착하고 그 위에 목재를 붙였다.

* **지그소(Jigsaw)**: 판자 따위의 재료를 곡선형으로 다듬을 때 사용하는 전동공구

사진 ©시미즈 료타로

01 파란색과 하늘색 페인트를 나눠 칠한 창틀과 하얀 벽면이 대조를 이루어 산뜻해 보인다. 창문에는 아크릴판을 사용했다. 02 사진과 같이 문틀에 부착한 뼈대 모양이 곡선으로 되어 있다. 03 창고 내부의 벽면에 달아놓은 선반이 수납공간 역할을 한다. 04 기초가 되는 콘크리트 블록은 자연석으로 장식했다.

부부가 함께 만든 '보기만 해도 살고 싶어지는' 창고

휴일에는 자택 테라스에서 느긋한 시간을 보내는 우에키 부부. 하지만 테라스에서 휴식을 취하려 할 때마다 자택 뒤에서 의자와 테이블을 끌어와야 하는 것이 너무나도 귀찮았다. 테라스 옆에 창고가 있으면 좋겠다고 생각한 것이 계기가 되어 우에키 다케미쓰 씨의 작은 집 만들기가 시작됐다.

창고를 제작하기에 앞서 우선 아내 스미에 씨가 창고 이미지를 디자인하고, 우에키 씨가 그것을 참고하여 창고를 만들었다고 한다. 참고로 스미에 씨는 스테인드글라스를 직접 만들 정도로 장인정신이 투철한 사람이다.

다케미쓰 씨는 "작품의 디자인은 전부 아내가 하고 저는 직접 손을 움직여 만드는 걸 담당합니다. 모든 작품은 공동 작업이에요"라고 말했다. 이렇게 손수 만들기를 좋아하는 부부가 '보기만 해도 살고 싶어지는' 디자인의 가든 하우스를 제작했다.

기초는 콘크리트를 붓고 단단히 굳혀서 온통기초를 만들었고, 그 주위에 철근을 세워 콘크리트 블록을 ㄷ자 모양으로 설치했다. 블록 표면에는 자연석을 박아 넣었다. 이 기초 위에 2×4재로 만든 패널(뼈대)을 부착해서 창고의 골조를 세웠다.

외벽은 콘크리트 패널과 루핑을 깐 다음, 일터에 남아돌던 판재(폭 85㎜, 두께 12㎜)를 붙여 마감했다. 디자인을 가장 중시해서 지붕의 경사가 심한 편이지만 그 점도 마음에 쏙 든다고 한다. 지붕 위에서는 수탉 모양의 풍향계가 돌아간다.

스미에 씨는 "단순한 창고가 아니라 정원의 장식물로도 즐길 수 있어요. 마치 이곳은 전설이 시작될 것만 같은 신비로운 치유의 공간이 되었죠"라고 말했다.

창고 뒤쪽. 아무렇게나 기대어 세워놓은 정원 도구도 한 폭의 그림처럼 보인다.

문의 차양 위에 장식한 다람쥐가 정원에서 일하는 우에키 씨 부부를 반갑게 맞아준다.

Woody House Data

시공주 이름	우에키 다케미쓰 씨. 51세. DIY 경력 4년
공법	2×4 공법
기초	온통기초+줄기초
바닥 면적	약 1.6㎡
제작 기간	약 10일
제작비	약 15만 원
외벽	폐자재(나무 종류는 불분명)
바닥	콘크리트
지붕재	콜로니얼*

* 콜로니얼: 주로 주택 등의 지붕잇기 재료로 사용되는 치장 석면 시멘트판. 겹잇기용으로 90㎝×40㎝가량의 치수로 제품화된 것

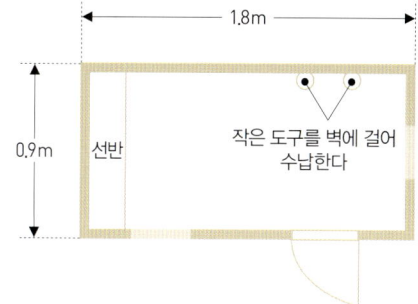

산속 오두막 같은 분위기가
느껴지는 취미 공간
사진 ⓒ다카시마 히로유키

Self-Build Garden House
Best Selection
Case.04
스기야마 하우스

시즈오카 현
고텐바 시

고미다락과 지붕의 급경사가 매력적

직접 만든 취미 공간에서 낚시 인조 미끼 만들기에 몰두하다

**아들의 출가를 계기로
취미 공간 만들기에 도전하다**

스기야마 씨는 바로 몇 년 전까지 고교 야구 선수였던 아들의 시합을 열심히 보러 다녔다. 하지만 아들이 고등학교를 졸업하자 휴일에 할 일이 없어지는 바람에 무료한 나날을 보내게 됐다. 그러다 서점에서 우연히 DIY 잡지 《두파!》를 발견했다. 처음에 그 잡지를 집어든 것은 '아버지의 취미 공간 만들기'라는 말에 이상하게 끌렸기 때문이다.

스기야마 씨의 경우, 아버지가 창호기능사여서 다행히 집에 공구가 갖춰져 있었다. 그래서 DIY 전문점에 자주 다니면서 예산을 세우고 간단한 모형을 만들어 목수 친구에게 확인을 받았다. 모든 준비가 끝나자 그는 생애 최초로 작은 집을 짓기 시작했다.

처음에는 시공 장소가 될 땅을 고르고 바닥 밑의 습기와 잡초를 방지하기 위해 검은 비닐 시트를 깔았다. 그리고 그 위에 동바릿돌*을 놓고 기초를 설치해서 토대를 만들었다. 토대의 장선에 사용한 편백나무 원목은 손도끼를 이용해 일일이 껍질을 벗겼다.

토대가 완성된 후 2×4재로 패널을 만들어 벽을 세웠다. 그런 다음 지붕을 덮어야 했는데 스기야마 씨는 이 작업이 가장 무서웠다고 한다.

* **동바릿돌**: 툇마루나 좌판 밑의 짧은 기둥을 받치는 작은 주춧돌

01 고미다락 부분. 이곳에서 취미인 인조 미끼 만들기에 힘을 쏟는다. 02 내부는 취재할 때 세 사람이 들어가 느긋하게 대화를 나눌 수 있을 정도로 충분히 넓었다. 03 세 개의 2×4재 사이에 계단 모양으로 붙인 발판. TV에서 본 것을 참고해서 만들었다고 한다.

Woody House Data

시공주 이름	스기야마 진 씨, 49세, DIY 경력 3년
공법	2×4 공법
기초	독립기초
바닥 면적	약 9.9m²
제작 기간	약 50일
제작비	약 250만 원
외벽	삼나무 판
바닥	PVC 바닥재
지붕재	온두린*

* 온두린: 천연 펄프와 아스팔트의 혼합물이 주성분인 지붕재로 가볍고 부피가 작아서 개량 및 보수공사에 적합. 일반 주택을 비롯해 공장, 창고 등 모든 구조에 시공 가능

04 1층 입구 부분. 문 앞 실내에는 신발을 놓을 수 있게 간단한 현관을 만들었다. 05 고미다락으로 올라가는 벽면 부분. 지붕을 이용해 골프 클럽을 수납한 아이디어가 돋보인다. 06 창고의 뒤쪽 외벽에는 함석판을 붙여 곰팡이를 방지했다. 07 창문에는 두께 18mm의 각재를 일본식 격자무늬로 붙였다. 08 창고의 양쪽 외벽은 삼나무 판을 겹쳐 붙여서 마감했다. 09 지붕재는 온두린을 사용했다. 급경사면에서 작업하느라 고생했다고 한다.

"고미다락이 있는 집을 만들려고 했거든요. 그런데 마룻대까지의 높이가 400mm나 되는데다 지붕의 경사가 상당히 급해서 구명줄 묶고 작업했습니다."

외벽은 삼나무 판을 겹쳐서 붙였는데 정면 쪽만 1×4재를 가로 방향으로 붙여 집을 돋보이게 했다. 내벽은 단열재 대신에 기포 완충 시트(포장재로 사용하는 에어캡)를 넣고 콘크리트 패널을 붙였다. 또 그 위에 두께 9mm의 OSB 합판*을 덮어 마감했다.

바닥은 토대 위에 콘크리트 패널, 루핑, 캠프에서 사용하는 알루미늄 시트를 깔고 콘크리트 패널을 하나 더 겹친 위에 PVC 소재의 바닥재를 깔았다.

고미다락 부분의 바닥은 두께 24mm의 콘크리트 패널 위에 바닥재를 깔았고, 작은 책상을 놓아 취미인 플라이 피싱에서 사용하는 인조 미끼(플라이*)를 만들 공간을 마련했다.

이렇게 완성한 미니 하우스는 취미 공간의 역할을 훌륭히 수행하고 있다고 한다.

"내가 하고 싶은 일을 마음껏 할 수 있는 공간이라 정말 다 큰 어른의 놀이터 같아요. 내 멋대로 신나게 놀 수 있으니 최고죠."

* OSB합판: 손가락 두 개 정도 크기의 나무 입자를 방수성 수지와 함께 압착하여 만든 인공 판재로 강도와 안정성을 극대화시킨 제품

* 플라이: 물고기 먹이가 되는 곤충을 모조한 털바늘

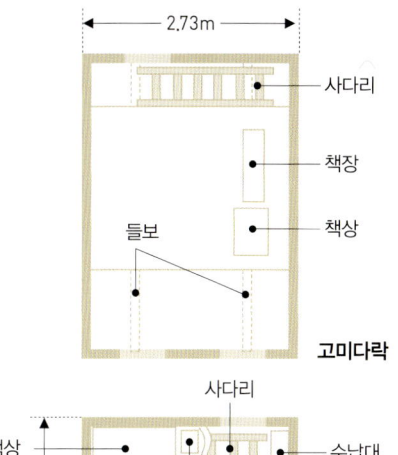
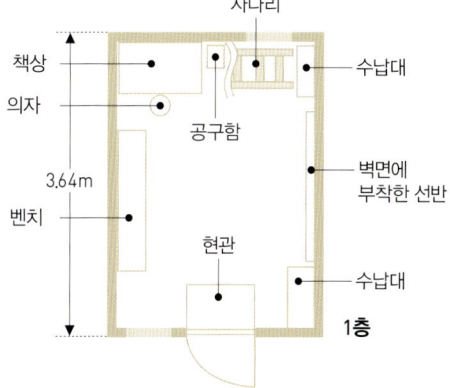

Self-Build Garden House Best Selection
Case.05 핫토리 하우스
후쿠시마 현 후쿠시마 시

동화나라에 오신 것을 환영합니다!
음악을 하는 친구들의 미소가 넘치는 '오르간의 집'

01 벽돌을 쌓아 만든 화목난로의 구석. 벽돌 쌓기는 핫토리 씨가 고군분투한 작업 중 하나다. **02** 밖에서 본 화목난로실 부분. 난로실의 바깥쪽 틀을 먼저 만들어버리는 바람에 틀의 높이에 맞춰 벽돌을 쌓느라 힘들었다고 한다. **03** 기초 부분은 콘크리트를 채운 들통을 사용했다. **04** 동화를 연상케 하는 실내. 내부 장식은 아내가 담당했다. 선반부터 가구까지 집 안에 있는 물건 중 대부분이 직접 만든 것이다. 집 이름은 친구가 선물해준 페달식 오르간의 이름을 따서 지었다.

Woody House Data

시공주 이름	핫토리 히로시 씨. 48세. DIY 경력 4년
공법	2×4 공법
기초	독립기초
바닥 면적	약 9㎡
제작 기간	1년
제작비	약 150만 원
외벽	삼나무
바닥	삼나무
지붕재	강판기와

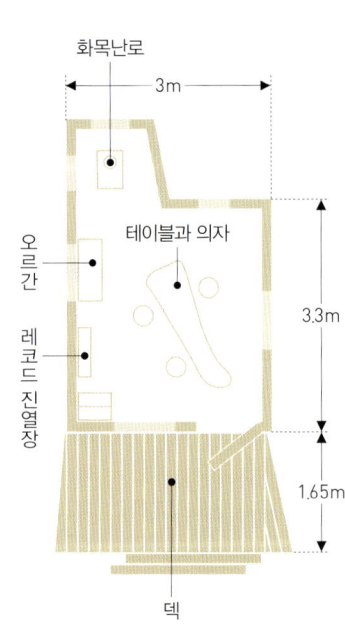

마치 옛날이야기에 등장할 것만 같은 '오르간의 집' 외관. 핫토리 씨는 주말과 새벽 시간을 이용해 1년에 걸쳐 집을 완성했다.
사진 ⓒ사토 히로키

핫토리 식 DIY 기술은 '폐자재 이용과 즐거운 우연'

핫토리 씨는 폐벽돌을 이용해 정원을 정비한 일을 계기로 DIY에 푹 빠지게 됐다. 그래서 가족과 친구들이 편하게 모일 수 있는 가든 하우스를 만들기로 결심했다. 시공하는 도중에 친구에게 페달식 오르간을 선물 받았는데 집이 완성되면 모두 함께 즐거운 음악회라도 열고 싶다는 마음을 담아 '오르간의 집'이라고 이름 지었다.

'오르간의 집'의 지붕은 한쪽으로만 경사진 평지붕이며 크기는 약 3m×3m로 작은 편이다. 길이가 3m 정도인 폐자재를 자르지 않고 그 상태로 잘 활용하려고 이 크기로 정했다.

핫토리 씨가 DIY 작업을 할 때 고집하는 것이 두 가지 있다. 하나는 '폐자재를 주요 부재로 사용하는 것'이고, 또 하나는 '우연을 즐기는 것'이다. 폐자재를 보면서 '이 자재는 그 창문에 맞지 않을까?' 하고 구상하는 것이 즐겁다고 한다.

"쭉 뻗은 새 자재보다 휘거나 금이 간 자재가 더 흥미로워요. DIY가 재미있는 건 연구하고 고민하면서 만들어가는 과정이 있기 때문이죠!"라고 말하는 핫토리 씨에게 DIY는 최고의 놀이다.

'오르간의 집'에서는 이런 핫토리 씨의 고집을 곳곳에서 찾아볼 수 있다. 우선 기초는 들통을 형틀로 사용했다. 또 덱 부분에는 업자에게 얻은 철판 곤포재를 사용했고 차양의 기둥 부분에는 주워온 유목을 이용하기도 했다.

이렇게 해서 집을 완성하자 주말이면 음악하는 친구들이 모두 모여 컨트리 라이브를 여는 장소가 됐다. 내부 장식을 담당한 아내도 질세라 친구와 티타임을 갖고, 아이들도 정원에서 바비큐 파티를 즐기는 등 '오르간의 집'은 여러모로 큰 활약을 하고 있다. 어느 날 문득 깨닫고 보니 친구의 폭이 자연스럽게 넓어졌다고 한다. 정말 대단하지 않은가?

디자인이 산뜻하며 연녹색이 빛나는 현대적인 차고.
사진 ⓒ사토 히로키

Self-Build Garden House Best Selection
Case.06 가사이 하우스
도치기 현 나스카라스야마 시

조립식 차고를 독창적으로 DIY 시공
다양한 취미를 추구하는 남자의 차고

**기초공사는 업자에게 맡기고
나머지는 자신의 힘으로 만들다**

가사이 씨는 이 차고를 만들기 전에 시판하는 차고를 갖고 있었다. 알루미늄과 스테인리스로 만든 것이었는데 여름, 특히 장마철이면 차고 안에 습기와 열기가 가득 차서 빠져나가질 않았다. 그 탓에 공구가 녹스는 등 상태가 엉망이었다.

그는 이 문제로 고민하면서 '언젠가는 내 손으로 직접 목조 차고를 만들고 말 테다!'라고 결심하게 되었다. 이러한 가사이 씨의 꿈을 이루어준 것이 J-STYLE GARAGE에서 나온 조립식 삼나무 차고(Cedar Garage Kit)다. 연녹색의 외벽은 자택의 외부 디자인에 맞춰 칠한 것이다.

콘크리트를 깔아야 하는 기초공사는 업자에게 의뢰하고 나머지는 가능한 한 혼자 힘으로 만들었다. 때로는 친구의 도움을 받기도 했지만 말이다. 벽 패널은 튜닝한 자동차를 이용해 매달아 올리는 방식으로 작업했다. 주로 휴일을 이용해 작업하다 보니 완성하기까지 약 5개월이 걸렸다.

새로 만든 차고를 이용하는 가사이 씨의 기분은 매우 좋다. 공간이 널찍해서 친구가 자동차를 끌고 와도 수월히 집어넣을 수 있고 자신이 아끼는 차 옆에서 좋아하는 음악을 들으면서 티타임을 즐길 수 있다. 친구나 가족의 평판도 상당히 좋다.

"마음에 쏙 들지만 굳이 고민을 말하자면 여름철에 나무가 습기를 머금고 팽창해서 문이 잘 안 닫히는 것이랄까요?"

이 문제는 건조한 겨울철에 시공하면서 너무 딱 맞게 만든 것이 원인이다. 사실 이 정도는 우디 하우스의 숙명이라고 생각해야 한다. 차고 내부에 들어오면 바로 굵은 들보가 보인다. 가사이 씨는 이 조립식 차고를 주문할 때 골

01 차고 안쪽에는 책상과 테이블을 놓아서 서재 같은 분위기가 난다. 가사이 씨는 이곳에서 진공관 라디오를 들으며 에스프레소를 음미한다. **02** 미국식 차고의 향기가 물씬 풍기는 슬라이딩 도어. **03** 지붕 들보를 올린 특별 주문 차고. 지붕 안쪽에 방을 만들 계획이다.

04 열쇠는 영국 옥스퍼드에서 구입한 정교한 모양의 골동품이다. **05** 지붕 안쪽은 트러스 구조로 만드는 대신 들보를 올렸다. 이곳에는 화목난로용 장작을 쌓아놨는데 조만간 바닥도 깔아 방을 만들고 싶다고 한다. **06** 지면의 습기로 목재가 썩는 것을 방지하기 위해 외벽의 사이딩 아랫부분에는 아연도금 강판을 붙였다. **07** 기둥에 클램프를 달아 옷걸이를 만들거나 목제 깔판을 공구걸이로 사용하는 등 벽면에는 수납 아이디어가 가득하다.

조 방법을 트러스에서 지붕 들보로 변경해달라고 요청했다. 지붕 안쪽을 수납공간으로 활용하기 위해서다.

지금 이곳은 겨울철에 화목난로를 사용할 때 필요한 장작이나 자동차 타이어 등을 보관하는 고미다락으로 쓰고 있다. 가사이 씨는 여기서 만족하지 않고 지붕 안쪽에 제대로 바닥을 깔아서 2층을 방으로 만들고, 또 오토바이를 손볼 때 필요한 리프트도 설치할 생각이라고 한다. 그러면서 그는 "아이들은 그네를 만들어달라고 하더라고요"라며 웃었다.

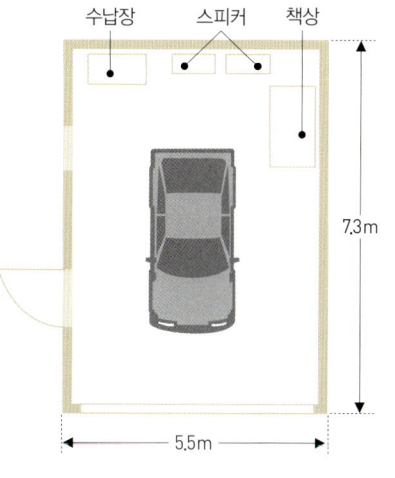

Woody House Data

시공주 이름	가사이 요이치 씨. 47세. DIY 경력 18년
공법	2×4 공법(조립식 차고)
기초	줄기초
바닥 면적	약 40㎡
제작 기간	약 5개월
제작비	약 2400만 원
외벽	웨스턴 레드시더(적삼목)
바닥	콘크리트
지붕재	아스팔트 싱글

외벽 전체에 조립식 자재에 포함된 페인트를 칠했다. 흰색으로 칠한 창호의 틀 부분과 처마널이 녹색 지붕과 조화를 이루어 영국풍의 집이 되었다. 사진 왼쪽의 덱 끝 쪽에 안채의 뒷문이 있다.
사진 ⓒ다카시마 히로유키

Self-Build Garden House Best Selection
Case.07
가토 하우스
사이타마 현
교다 시

반년 동안 주말에 작업해서 만든 조립식 하우스
우드 덱을 만들어 안채와 연결한 가족 모두의 별채

DIY 전문점 직원의 조언을 받다

가토 씨는 이전부터 우드 덱을 만들거나 2×4재를 사용해 애견용 로그 하우스를 만드는 등 DIY 경험을 쌓아왔다. 개집을 만들었으니 이번에는 자신의 집을 만들어보겠다는 생각으로 조립식 하우스 만들기에 도전한 것이다. 그리고 조립식 하우스 전시장을 몇 군데 보러 다니다가 DIY 전문점에서 오리지널 조립식 하우스를 선택했다. 목재 두께가 58mm로 다른 곳에서 본 것보다 두꺼웠기 때문이었다.

당시 가토 씨가 사는 교다 시 인근의 구마가야 시에서는 기온이 40.9℃로 치솟는 등 연일 기록적인 무더위가 이어졌다. 이런 상황에서 콘크리트 블록을 사용한 줄기초를 만들기 시작했다. 사소한 의문은 구입처인 JOYFUL 혼다 신덴점 직원에게 물어봤다. 그렇게 가족의 도움을 받아 주말마다 꾸준히 작업해서 벽 골조, 지붕 덮기, 바닥 깔기 순서로 집을 지었다.

집을 완성한 다음에는 현관에서 안채의 뒷문으로 이어지는 우드 덱을 제작해서 접근성을 높였다.

이제 조립식 하우스는 아내가 차 마시는 장소로 사용하거나 아들의 친구가 묵고 가는 등 여러모로 큰 활약을 하고 있다. 가토 씨는 "이래

에어컨을 마련한 실내. 조명은 DIY 전문점의 전시품으로 약 8만 원. 삼나무 통판으로 만든 좌탁은 인터넷 쇼핑몰에서 약 20만 원을 주고 구입했다고 한다. 전기공사는 전기공사기사인 장인 어른에게 부탁했다.

Woody House Data

시공주 이름	가토 슈이치 씨. 53세. DIY 경력 8년
공법	통나무 원목 골조(조립식)
기초	줄기초
바닥 면적	약 9.2㎡
제작 기간	약 6개월
제작비	약 680만 원
외벽	소나무
바닥	소나무
지붕재	콜로니얼

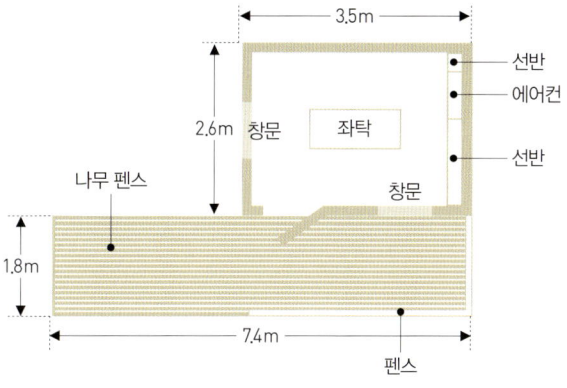

서는 은신처라고 말할 수 없겠네요"라고 투덜댔지만 굉장히 만족스러워 보였다.

01 기초는 조립식 자재에 포함되지 않는다. 그래서 무더위 속에서 직접 만들었는데 그 일이 가장 인상에 남았다고 한다. **02** 지붕재인 콜로니얼이나 물끊기용 프레임 철판도 자재에 포함된다. **03** 창문은 이중유리를 사용했고 창호는 완성 상태로 자재에 포함되어 있었다. **04** 바닥은 소나무 원목을 사용했다. 나무가 너무 휘어져 있어서 자동차용 기중기를 이용해 곧게 폈다고 한다. 바닥 밑에는 단열재와 스티로폼을 넣었다.

Self-Build Garden House Best Selection Case.08 다나카 하우스
도쿄 도 마치다 시

설계를 의뢰하여 DIY 시공

이용이 편리한 아이디어 수납 공방

부지를 최대한으로 활용해 안채 옆에 딱 붙여서 지었다. 공방의 면적은 약 7㎡
사진 ◎후쿠시마 아키토모

소음 걱정 없이 목공을 즐기고 싶다

다나카 다케오 씨는 본래 자택의 주차 공간에서 목공 작업을 했는데 항상 전동공구 소음이 신경 쓰였다. 그래서 공방을 만들어서 마음껏 목공을 즐겨보기로 결심했다.

공방을 만들 장소가 좁아서 부지를 최대한으로 활용하려면 조립식은 사용할 수 없었다. 고민 끝에 로그 하우스 제조업체인 'TALO 인터내셔널'에 설계 및 자재 조달을 의뢰하고 직접 시공하기로 했다.

공방의 면적은 약 7㎡. 여름휴가를 이용해서 한 달 동안 지붕까지 만들었다. 그 후에는 틈틈이 짬을 내어 창문과 바닥을 완성했다. 공방 안의 수납대와 작업대를 최대한 편하게 사용할 수 있도록 정성 들여 연구하면서 제작하느라 1년 가까이 걸렸다고 한다.

그래도 다나카 씨는 "또 만들고 싶을 정도로 재밌었어요"라고 한다. 실제로 지금도 편의를 추구하며 계속해서 고쳐나가고 있다. 그의 목표는 좁은 공간을 가능한 한 유기적이고 기능적인 곳으로 만드는 것이다.

이를 위한 다나카 씨의 아이디어를 몇 가지 소개하겠다. 첫 번째로 테이블 톱과 같은 대형 공구에는 바퀴를 단다. 사용할 때만 방의 한 가운데로 꺼내기 위해서다. 두 번째는 벽면을 최대한 활용하여 효율적인 수납공간을 만드는 것이다. 수납공간을 많이 만들어서 꼼꼼하게 정리하면 넓은 작업 공간을 확보할 수 있다. 또 수납공간의 내부가 보이게 만드는 것도 중요하다고 한다. 어디에 뒀는지 모르면 작업을 순조롭게 진행할 수 없기 때문이다.

이렇듯 다나카 씨는 자신의 취향에 맞춰 완성된 성에 매우 만족하며 목공 작업에 열중하고 있다.

Woody House Data

시공주 이름	다나카 다케오 씨. 69세. DIY 경력 30년
공법	통나무 골조 공법(주문 설계)
기초	온통기초
바닥 면적	7㎡
제작 기간	약 1년
제작비	약 1600만 원
외벽	소나무
바닥	소나무
지붕재	슬레이트

01 벽면을 최대한 활용하여 공구류를 깔끔하게 수납한 모습이 눈에 띄는 공방. 안에 있으면 놀랍도록 가슴이 설렌다. **02** 입구에 '죽마(竹馬) 공방'이라고 써 붙인 간판. 좁은 공간을 최대한 넓게 사용하기 위해 조립식을 선택하지 않고 전문가의 지혜를 빌려 주문 설계한 공방이다.

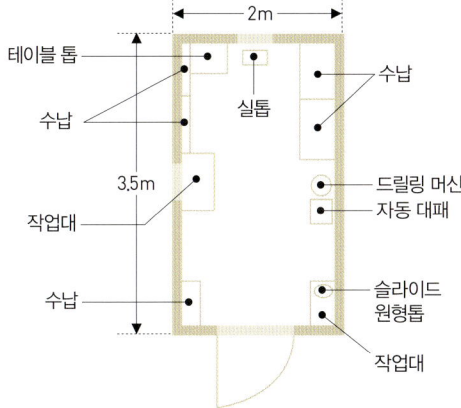

03 통나무 자투리를 이용해 직접 만든 작업대. 아래쪽으로 바퀴 달린 탁상 대패 수납 상자가 들어간다. **04** 집에 있던 뒷박을 이용해 만든 나사못 수납 상자. 안에 들어 있는 나사못이 잘 보이게 만들었다. **05** 책상 서랍도 정확히 구분해놓았다. 이렇게 하면 한눈에 알아볼 수 있어서 물건 찾기가 정말 편하다.

Self-Build Garden House Best Selection
Case.09
무라이시 하우스
가나가와 현 사가미하라 시

곳곳에 폐자재를 효과적으로 활용

조용한 별장의 정원에 아틀리에를 만들어 작업에 몰두하다

무라이시 씨는 현관 주변에 비가 들이치는 것을 막아주는 포치*가 중요하다고 말했다. 박공벽*은 제재소에서 얻은 통나무 반쪽과 폴리카보네이트로 된 채광창을 조합해 만들었다. 출창*도 상당히 돋보인다.
사진 ⓒ사토 히로키

아티스트 기질을 발휘한 미니 하우스 만들기

무라이시 다다시 씨는 6년쯤 전에 가나가와 현 북부의 조용한 동네에 별장을 구입했다. 그곳에서 나무를 심고 채소밭을 가꾸며 가족이나 친구와 함께 바비큐 파티를 하는 등 별장 생활을 만끽하고 있다. 이 별장에서 가장 중심이 되는 장소는 그가 직접 만든 아틀리에다. 3년 전쯤에 짓기 시작해서 반년에 걸쳐 만든 공간으로, 곳곳에서 가져온 폐자재와 폐품을 효율적으로 활용한 것이 특징이다.

"돈을 최대한 아끼려는 생각도 있었지만, 무엇보다 버릴 물건을 재활용해 보고 싶다는 마음이 강했어요. 게다가 전부 시판되는 규격품으로 만들어 봤자 재미없잖아요. 저는 눈앞에 있는 것을 어디에 어떤 식으로 사용할까 연구하는 순간이 가장 즐겁거든요."

무라이시 씨는 이런 이유로 기초부터 당장 폐자재를 이용했다. 주유소에서 얻어 온 기름통을 250㎜ 정도 땅속에 묻고 그 속에 콘크리트를 채워 독립기초를 만들었다. 콘크리트를 채울 때 넣어둔 L자형 철물을 사이에 두고 토대에 사용하는 목재와 단단히 고정시

* 포치: 건물의 현관 또는 출입구 바깥쪽에 튀어나와 지붕으로 덮인 부분
* 박공벽: 건물의 측면에서 지붕보 위 서까래 사이에 있는 삼각형의 벽
* 출창: 벽면보다 밖으로 튀어나오게 만든 창문

켰다. 튼튼한 기초를 쉽게 만들어낸 멋진 아이디어가 돋보인다. 벽은 재래 공법과 2×4 공법을 혼합해 만들었다. 토대의 네 모서리에 기둥을 세우고, 2×4재와 합판으로 만든 패널을 기둥 사이에 끼우는 방법이다. 4면의 벽에 전부 창문을 달았는데 이 역시 전부 폐자재다. 잘 보면 문고리가 원래와 다른 방향으로 달려 있어 재미있다.

외벽은 모르타르를 사용했는데 이유는 저렴하기 때문이다. 여기에 제재소에서 얻은 반쪽짜리 통나무를 붙이려고 했지만 길이가 짧아서 단념했다. 라스*를 깔고 흙손을 이용해 모르타르를 바른 후 도장 작업을 해서 마감했다. 작업 중에서는 지붕 작업이 가장 힘들었다고 한다. 무라이시 씨는 고소공포증이 심해서 지붕 경사를 완만하게 만들었어도 두려움을 떨치기가 어려웠다. 그래서 마룻대에 철물 장식을 달아 구명줄을 묶고 지붕을 덮었다고 한다.

지붕을 덮고 난 다음에는 바닥을 작업했다. 장선을 설치하고 합판을 깐 후 그 위에 삼나무 판을 깔았다. 참고로 이 아틀리에는 신발을 신고 출입하도록 설계되어 있다.

이렇게 완성된 아틀리에에 있다 보면 마음이 정말 편안해진다. 폐자재를 사용하느라 군데군데 생략해서 만든 디자인이 오히려 전문가가 깔끔하게 손을 본 공간보다 마음에 안정감을 준다. 전기를 끌어오진 않았지만 낮에 창문으로 빛이 들어와서 밝기는 충분하다고 한다. 이제 다른 어떤 곳보다도 작업에 몰두할 수 있는 장소를 얻었으니 분명 무라이시 씨가 그리는 작품도 한층 빛을 발할 것이다.

* 라스: 모르타르를 바르기 위해 밑바탕에 치는 금속제 망

01 아틀리에에 전기는 없지만 창문으로 들어오는 빛이 밝다. 천장에는 오래된 민가에서 사용했던 들보가 있는데 지인에게 받았다고 한다. 02 회반죽을 바른 벽에는 무라이시 씨의 작품이 걸려 있다. 폐유리 3장을 나란히 붙인 창문은 유리 자르기에 실패해서 크기가 점점 작아졌다고 한다.

03 얻어온 문틀만을 활용해 직접 문을 만들었다. 손잡이는 키위나무 덩굴을 이용했다. 04 마룻대 아래쪽의 철물 장식은 지붕 작업을 할 때 구명줄을 묶기 위해 부착한 것이다. 05 기름통에 직접 콘크리트를 부어 만든 독립기초는 굉장히 튼튼해 보인다. 미리 묻어 놓은 L자형 철물을 사이에 두고 토대를 고정시켰다. 06 아틀리에의 뒤쪽 모습. 모르타르 벽면 하단에는 물끊기용 함석판을 설치했다. 07 창문은 폐자재를 재활용해 만들었다. 문고리가 원래의 방향과 다르다.

Woody House Data

시공주 이름	무라이시 다다시 씨. 64세. DIY 경력 10년
공법	재래, 2×4 공법
기초	독립기초
바닥 면적	약 9.8m²
제작 기간	약 6개월
제작비	약 280만 원
외벽	모르타르
바닥	삼나무
지붕재	아스팔트 싱글

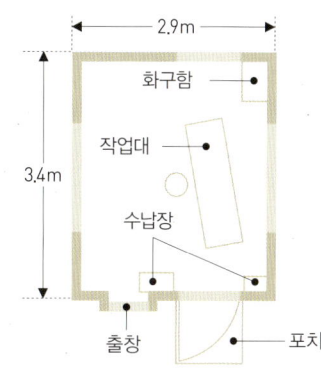

Self-Build Garden House Best Selection
Case.10 마에다 하우스
지바 현 기사라즈 시

폐자재와 유목을 사용한 어른의 비밀기지
미끄럼틀이 있는 통나무 오두막풍의 트리 하우스

**놀이는 나의 원점이며
DIY 역시 놀이의 연장선이다**

마에다 씨는 트리 하우스를 만들 때가 가장 즐거웠다고 회상한다. 자택에 있는 나무를 이용한 트리 하우스의 토대는 나무를 판자 사이에 두고 볼트로 고정하는 샌드위치 공법으로 만들어졌다. 언뜻 보면 통나무 오두막처럼 보이는 트리 하우스의 외벽은 사실 목재를 다듬을 때 나온 널판을 붙인 것이다. 집 제작이 한창일 때 근처에 사는 아저씨가 지나가다가 조언해준 데서 아이디어를 얻었다.

그는 "만들면서 연구하다 보니까 처음에 한 생각과 점점 달라지더라고요. 우연히 디자인이 만들어지기도 하고, 계획 없이 되는 대로 하는 게 재밌지 않나요?"라며 웃었다.

마에다 씨의 연구 성과는 트리 하우스 곳곳에 반영되어 있다. 유목을 이용한 난간이 여기저기 보이고 정면에는 위아래를 각각 여닫을 수 있는 문도 있다. 아이가 좋아한다며 감탄이 절로 나오는 4m 길이의 미끄럼틀도 설치했다. 그 결과 세상에 하나뿐인 트리 하우스가 완성됐다. 마에다 씨는 놀이야말로 자신의 원점이라는 뜻에서 이름을 '트리 하우스 유(遊)'라고 지었다고 한다.

그는 "목욕을 한 뒤에 아들과 함께 이곳에서 보내는 시간이 가장 즐거워요"라고 했다. 어른이 놀면서 만든 비밀기지는 가족의 유대관계가 깊어지는 소중한 장소가 되었다.

남자 혼자서 휴일을 이용해 6개월 만에 완성한 '트리 하우스 유'. 트리 하우스 토대까지의 높이는 약 2.3m
사진 ⓒ사토 히로키

트리 하우스 실내는 DVD 컴포넌트와 냉장고(사진 왼쪽 아래) 등이 있어서 쾌적하다. 사진에서는 잘 안 보이지만 창문 위쪽에 간접조명도 달려 있다.

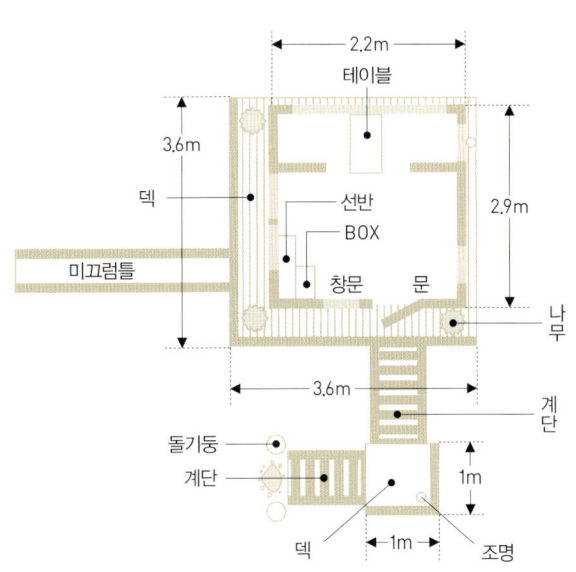

01 트리 하우스 정면으로 난 문은 위아래를 각각 여닫을 수 있게 만들었다. 02 트리 하우스까지 올라가는 계단에는 안전을 위해 노란색의 미끄럼 방지 테이프를 붙였다. 03 트리 하우스에는 스릴이 넘치는 미끄럼틀도 있다.

트리 하우스 토대의 기초는 샌드위치 공법을 사용해 만들었다. 샌드위치처럼 나무를 판자 사이에 두고 볼트로 단단히 고정하는 방법이다.

Woody House Data

시공주 이름	마에다 다케시 씨. 40세. DIY 경력 15년
공법	패널 공법
기초	독립기초
바닥 면적	약 6.38㎡(집 부분만)
제작 기간	약 6개월
제작비	약 230만 원
외벽	통나무 널판
바닥	삼나무
지붕재	아스팔트 싱글

아크릴판을 많이 사용한 온실은 개방적인 분위기를 띤다. 화초나 채소는 아내가 직접 손질한다.
사진 ⓒ후지이 아키후미

Self-Build Garden House Best Selection
Case.11
무라마쓰 하우스
시즈오카 현
이토 시

영국의 온실에서 모티프를 얻었다
전면에 아크릴을 깐 선룸

다각형 디자인에 공들인 온실

무라마쓰 다케시 씨는 이토 시에 있는 별장에 다각형 모양의 온실을 직접 만들었다. 계기는 가드닝과 채소 가꾸기가 취미인 아내의 요청이었다. 이곳뿐만이 아니라 요코하마에 있는 자택 역시 온실이 딸린 구조라고 한다.

"자택에도 온실이 있어서 여기에도 하나 만들고 싶었어요. 그래서 해외의 가드닝 잡지에 실린 정보를 자세히 살펴봤죠. 내 손으로 직접 오두막 역할을 겸하는 독립적인 온실을 만들어보고 싶었거든요."

무라마쓰 씨는 지난 4년 동안 화단이나 담장, 장미 아치, 수납장 등 보통 정원 장식품을 만들면서 DIY 경력을 쌓아왔다. 이런 그에게 다각형 디자인을 도입한 건물을 만드는 것은 매우 보람 있는 도전이었다.

그는 10개월 전부터, 주말마다 별장에 가서 DIY 작업에 힘썼는데 완성하기까지 약 3개월이 걸렸다. 집 자체에는 SPF* 2×4재와 아크릴판 등의 자재를 사용했다. 제작은 기초, 기둥, 지붕 뼈대, 지붕과 벽에 아크릴판을 부착하고 창호는 따로 설치하지 않았다. 마지막으로 바닥에 인터로킹 블록*과 벽돌을 깔았다. 기초는 콘크리트 블록을 나란히 놓고 줄기초를 만들었다. 온실을 조립할 때는 기본적으로 나사를 이용해 고정했고, 각도가 있는 부분은 삼각 단면으로 자른 각재를 끼워 넣어 틈새를

* **SPF**: Spruce(가문비나무), Pine(소나무), fir(전나무)의 수종이 섞인 수종 그룹
* **인터로킹 블록**: 보도나 광장 등의 포장에 사용하는 콘크리트제의 조합 블록
* **코킹제**: 각 재료의 이음매 부분이나 균열 등에 의해서 생긴 작은 틈새를 밀봉하여 누수를 방지하는 충전물

막거나 코킹제*를 고안해 사용하기도 했다. 또 콘크리트 블록 기초에 벽돌 타일을 붙여 보기 좋게 꾸몄다. '인터넷 등에서 얻은 정보와 통근 전철 안에서 떠오른 아이디어를 작업에 반영했다'는 무라마쓰 씨의 말대로 작품의 각 부분에는 직접 고안해낸 그의 정신이 깃들어 있다.

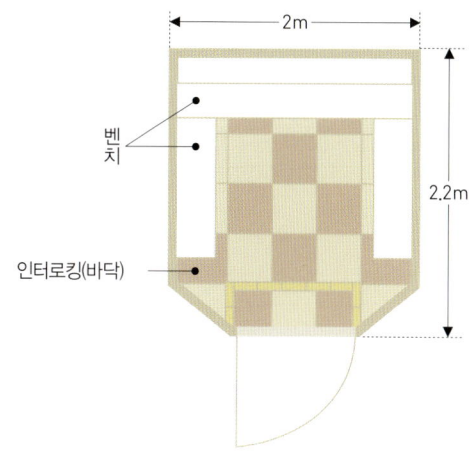

Woody House Data

시공주 이름	무라마쓰 다케시 씨. 58세. DIY 경력 4년
공법	재래 공법
기초	줄기초
바닥 면적	4.4㎡
제작 기간	약 3개월
제작비	약 500만 원
외벽	아크릴(창문)
바닥	벽돌 타일
지붕재	아크릴(창문)

01 인터로킹 블록과 벽돌을 깐 실내 바닥. 입구 부근의 벽돌로 테두리한 곳은 계단이며 그 앞의 바닥은 한 단이 낮다. **02** 옆쪽에서 본 온실. 측면에는 높이를 서로 다르게 한 미들창(프로젝트창)이 세 개 있다.

03 지붕 위의 까만 부분은 방수용 고무 시트다. **04** 실내 천장 부분. 육각형 지붕은 중심에 반원 모양의 받침을 만들어 떠받쳤다. 실내등으로 마린 램프*를 사용했다. **05** 해상용 태양광 환기팬을 문의 양옆 위쪽 창문에 설치했다. **06** 문손잡이에는 잠금장치가 달려 있다. 무라마쓰 씨는 철제를 고집해서 마음에 드는 손잡이를 찾으러 직접 돌아다녔다고 한다. **07** 미들창의 금속 부품은 개방 각도를 6단계로 바꿀 수 있다. **08** 제작 당시 뼈대를 완성한 상태의 사진(무라마쓰 씨 제공). 벽돌 타일을 깔아 장식한 블록 기초, 2×4재의 기둥 상태를 확인할 수 있다.

* 마린 램프(marine lamp): 공기 조화기 안에 설치되는 점검용 전등으로 백열등이 사용됨

Column

나의 작은 집 만들기 1

소원을 이뤄 정원 한구석에 가든 하우스용 부지를 확보했다. DIY 잡지 《두파!》의 제작 취재로 알게 된 노하우에 나만의 사소한 고집을 더해 이렇게 멋진 가든 하우스를 만들었다!

글 ◎도요다 다이사쿠, 《두파!》 편집부

01 집 크기는 폭 2730㎜×안길이 1820㎜×높이 2300㎜
02 측면은 이런 느낌이다.
03 4면에 각각 다른 색의 창문을 달았다.
04 미니 하우스를 지을 예정지인 정원 가장자리. 일단 감나무와 창고를 철거해야 한다.
05 강철 소재의 창고에 들어 있던 물건을 수납하기 위해 감나무를 뽑고, 그 자리에 창고를 제작했다. 이런 식으로 미니 하우스 부지를 확보했다.
06 덱의 토대가 완성됐다. 직사각형 나무판이 붙은 기초석을 네 모서리에 깔았고, 나머지는 그 주변에 있던 블록 등을 깔았다. 되는 대로 만든 느낌이 강하다.

10月 October

07 덱의 마루청*을 깔고 벽의 뼈대를 만들었다. **08** 창문 부분을 뚫고 합판을 붙였다. **09** 서까래를 올렸다. 서까래는 미리 띳장*을 끼울 부분을 깎아냈다. **10** 지붕 뼈대를 만들고 합판을 붙였다. 벽과 지붕 작업은 날씨 좋은 주말을 잡아 이틀 동안 한 번에 해치웠다. 혹시 비가 오면 작업에 방해가 될까봐 걱정되었기 때문인데 결과적으로 잘한 일이었다. **11** 지붕재(온두빌라 타일)를 덮고 벽에 투습 방수시트를 붙였다. 즉흥적으로 윗부분에 아크릴 고정 창문을 달았다.

11月 November

12 벽면 위쪽에 삼각형의 합판을 붙였다. **13** 고정 창문 3장을 나란히 붙였다. **14** 외벽을 몇 장만 더 붙이면 되는 상태. 15mm×45mm 크기의 삼나무 판을 띳장으로 사용해서 외벽에 12mm×180mm의 삼나무 판을 붙였다.

* 마루청: 마룻바닥에 깔아 놓은 널조각
* 띳장: 널빤지로 만든 울타리나 문 따위에 가로로 대는 띠 모양의 나무

가든 하우스를 만들기 전에 나무를 뽑고 창고를 만들다

운 좋게 정원 한구석에 자유롭게 쓸 수 있는 땅을 얻었을 때, 나는 꿈에 그리던 가든 하우스를 만들어보기로 결심했다. 이전에 두 번 정도 가든 하우스 제작 취재에 참가해서 작업을 도운 경험이 있기에 나도 만들 수 있을 것 같았다. 막상 구체적으로 계획을 세우려니 약간 불안해졌지만 그렇다고 도중에 관둘 수는 없었다. 이미 자재와 도구도 사버렸고 무엇보다 도망치는 것은 꼴사나운 일이었으니까. 그래서 스스로 다독였다. 시작하기도 전에 이렇게 압박감을 느낀다면 애써 가든 하우스 만들기에 도전한 의미가 없지 않은가. 편한 마음으로 즐기자! 기세를 몰아 해치우자! 일단 움직이고 보는 것이다.

말은 그렇게 했지만, 사실 곧바로 시작할 수는 없었다. 건설 예정지에는 감나무가 심어져 있었던 데다가 강철 소재의 창고도 있었기 때문이다. 그래서 일단은 이것들을 철거할 때까지 작업을 미뤘다. 우선 3월 초 어느 날 온종일 감나무를 뽑았다. 또 창고 안의 수납물을 넣을 공간이 필요해서 철거할 예정인 강철 소재의 창고 대신 정원 구석에 딱 맞는 창고도 직접 만들었다. 이 작업은 5월 하순에야 완성됐다. 이로써 겨우 가든 하우스 제작에 착수할 수 있게 됐으나 정신을 차려보니 바깥나들이 하기에 딱 좋은 계절이 아닌가? 창고라는 나름대로 큰 건물을 만들었다는 만족감도 한몫해서 나는 잠시 가든 하우스 제작에서 손을 뗐다. 사실 이럴 때는 억지로 해봤자 소용없다.

다시 한 번 말하지만 모처럼 시작한 가든 하우스 제작이니 진정 즐기면서 하는 것이 중요했다. 아무튼 여러분도 스스로 납득할 만한 변명 거리를 준비해두는 것을 추천한다.

내 생각에는 집을 만들면서 즉흥적으로 아크릴 창문을 붙인 것이 히트였다

눈 깜짝할 사이에 여름이 끝나고 9월이 됐다. 날씨가 선선해지자 다시 가든 하우스를 만들어야겠다는 마음도 솟아났다. 드디어 가든 하우스 만들기가 정식으로 시작됐다.

바닥과 벽을 설계하는 단계에서는 헤맬 일이 없었다. 예전에 가든 하우스 제작 취재 때 경험한 유형, 즉 먼저 우드 덱을 만들고 그 위에 2×4재와 합판으로 만든 패널을 세워 벽을 만드는 방법이 가장 쉬워 보여서 그대로 흉내 냈기 때문이다. 크기는 합판을 자르지 않아도 되게끔 폭 2730mm×안길이 1820mm(건설용지에 들어가는 910mm의 배수)×높이 1820mm로 정했다.

참고로 덱과 골조에 사용한 목재는 전부 SPF다. 솔직히 내구성이 걱정되었지만, 비용이 우선이라 선택했다. 뭐 지금 생각하면 덱만이라

15 외벽 붙이기를 끝냈다. **16** 창틀을 달았다. 창문을 넣기 위해 1×6재 조각을 깎아냈다.
17 창문을 달았다. 정면만 쌍여닫이로 하고 나머지는 외문으로 만들었다.

18 문을 달았다. 지그소를 이용해 뚫은 'WORK SHOP' 글씨 부분에도 아크릴판을 끼웠다. **19** 트리머를 이용해 1×4재에 은촉*을 파서 바닥재를 만들었다. 직접 만든 지그*가 엉성하면 마감도 어설퍼지겠지만, 다행히 제대로 바닥을 깔았다. **20** 자투리 목재를 모아서 장선을 만들었다. 처분할 자투리를 여기에 써야겠다 싶어서 아낌없이 사용했다. 그 탓에 장선 사이의 거리가 상당히 짧아져서 단열재를 더 많이 잘라야 했다. **21** 바닥을 깔고 장비도 몇 가지 만들고 나니 일단 미니 하우스 만들기 끝!

* **은촉**: 두 널빤지를 마주 이을 때 한쪽 널빤지의 맞닿는 면의 가운데로 길게 내밀어 만든 돌기
* **지그**: 가이드, 자, 펜스처럼 위치를 맞추는 데 사용하는 도구

22 벽면 수납장을 만들었다. 내 손으로 직접 만들면 수납할 물건에 맞출 수 있어서 좋다. **23** 전부 자투리 목재로 만든 공구 수납장. 쉽게 움직일 수 있게 바퀴를 달았다. **24** 접이식 작업대를 만들었다. 《두파!》에서 소개한 것을 거의 그대로 재현했다.

도 레드시더(적삼목)나 하드우드*를 써서 호화롭게 만들면 좋았을 것 같다. 하지만 이미 만들어버렸으니 도장 작업에서 힘을 내야겠지!

벽을 세우고 나서 지붕 작업에 돌입했다. 이것도 취재 때 보았던 한쪽으로만 경사진 단순한 평지붕으로 결정했다. 각도를 측정해서 적당한 경사를 주고 뼈대를 만든 다음 그 위에 합판과 루핑을 깔고 지붕재를 덮었다. 지붕재는 온두빌라 타일을 사용했다. 시공이 간편하고 보기에도 좋아서 취재할 때도 자주 사용하는 자재다. 지붕을 깐 다음 경사진 쪽의 벽면을 덮었는데, 문득 정면에는 아크릴을 깔아야겠다는 생각이 떠올랐다. 작은 가든 하우스라서 되도록 창문을 만들어 내부가 어두워지지 않게 하고 싶었다. 원래는 창문을 4면에 다 달려고 했는데 위쪽의 고정 창문 하나만으로 꽤 환해졌다. 외관도 맘에 들었고 대성공이었다! 아크릴을 안팎 양면에서 틀 사이에 끼워 고정만 하면 돼서 시간도 얼마 들지 않았다.

이로써 창호 부분을 제외한 지붕과 벽면 작업이 끝났다. 매일 작업이 끝날 때마다 파손 방지를 위해 덮개를 씌우거나 하던 일이 줄어들어 편해졌다. 이때가 가든 하우스를 만들기 시작한 지 대략 2개월째였다.

삼나무 판을 세로 방향으로 붙이고 원색을 칠한 창문을 다는 등 깐깐하게 고집을 부렸다

외벽은 삼나무 판을 세로 방향으로 붙였다. 사소하지만, 나만의 고집이다. 삼나무 판은 저렴해서 좋고 거친 느낌도 마음에 든다. 지금까지 했던 취재에서도 그렇고 내가 창고를 만들 때도 비늘판벽*으로 마감해서 이번에는 참신하게 세로 방향으로 붙여보고 싶었다. 단, 세로로 댄 목재의 이음매에 세재(細材)를 씌우는 방식(보드 또는 배턴이라고 부르는 것 같다)은 와키노 편집장이 공방을 만들 때 사용했으므로(112페이지 참조) 나는 세재를 씌우지 않고 훨씬 심플한 모양으로 만들 생각이었다. 《두파!》에서 연재 기획을 담당하는 가든 외부 장식 만들기의 달인 아폴로 사토 씨에게 상담했더니 먼저 밑바탕에 띳장을 고정시키고 그 위에 삼나무 판을 덮으면 된다고 가르쳐주었다. 나는 배운 대로 스테인리스 소재의 둥근나사를 사용해 열심히 외벽을 덮었다. 창호 등이 걸리는 부분의 치수를 재가며 판재를 깎아내는 것이 번거로웠고 목재가 휘어서 이음매에 틈이 생기는 바람에 좀 아쉬웠지만, 대부분 생각했던 대로 완성되어서 만족한다.

외벽을 덮고 나니 드디어 창호 작업이었다. 이 시점에는 가든 하우스 모양이 거의 잡혀서 마음에 여유가 생겼다. 그래서 이 부분은 세련되게 완성하고자 조금 공들여 작업하기로 했다. 창호 틀로 사용할 1×6재를 깎아내고 그 부분에 창호가 들어가게 했다. 말하자면 문 하나당 틀 하나를 만든 것이다. 이것이 가능하면 다시 창호와 틀 사이의 틈을 막을 필요가 없다. 19㎜밖에 안 되는 1×6재 조각을 깎아내기란 쉽지 않았지만, 단단히 목재를 고정하고 긴 자에 둥근 톱을 붙여 간신히 끝냈다. 공을 들인 김에 목재의 양끝은 45도 각도로 비스듬히 잘랐다. 단, 이는 그저 작업을 끝냈다는 것이지 완성 수준이 뛰어났다는 말은 아니다. 사실 틀이 비뚤어져서 창문 이음매에도 커다란 틈이 생기긴 했다. 하지만 이도 저도 다 주인이 괜찮다고 하면 문제없지 않은가. 내 가든 하우스이므로 무슨 짓을 해도 용서받을 수 있다.

완성된 가든 하우스를 보면 4면에 부착한 창문과 창틀의 색이 전부 다르다. 개인적으로 무색으로 칠한 삼나무 벽에 원색을 칠한 창문을 달아보고 싶었는데 그 원색을 무슨 색으로 할지 망설이다가 '에라 모르겠다. 파란색, 녹색, 노란색, 빨간색을 다 보고 싶어'라는 이유로 전부 다른 색을 칠하게 되었다.

문은 기본적으로 합판에 삼나무 판을 덮는 구조인데 일부에 구멍을 뚫어 아크릴을 끼웠다. 그리고 문의 왼쪽 아랫부분에는 지그소를 이용해 'WORK SHOP'이라는 글씨를 뚫었다. 내가 했지만 노력한 티가 나니 뿌듯하다. 이 문을 틀에 경첩으로 고정하고 나니 마침내 가든 하우스가 완성되었다.

덧붙이자면 창호 작업은 크리스마스이브 전날에 이루어졌다. 가든 하우스를 만들기 시작한 지 대략 4개월, 감나무를 뽑은 지 10개월이 지난 시점이었다.

직접 만든 마루청을 비롯해 실내를 이용하기가 훨씬 편리해졌다

집 둘레가 생기고 가든 하우스가 완성됐다. 평소 하던 취재라면 이걸로 끝이겠지만 뭐니 뭐니 해도 이 집은 앞으로 내가 직접 사용할 '나의 미니 하우스'다. 따라서 편리하게 이용할 수 있도록 실내를 완성해야 한다.

우선은 바닥이다. 덱 위에 또 바닥을 깔지 않으면 벽 밑에서 빗물이 스며들 것이다. 덱 위에 자투리 목재를 이어 장선을 깔고, 장선 사이에 단열재를 넣은 다음 그 위에 마루청을 깔았다. 사실 이 마루청이야말로 나의 역작이다. 바닥재용으로 시판되는 은촉이 달린 판재는 값이 비싸서 저렴한 1×4재에 직접 은촉을 만든 것이다. 직접 만든 지그에 판재를 고정하고 트리머를 이용해 한 장씩 은촉을 만들었다. 단언컨대 이 작업은 가든 하우스를 만드는 과정 중에서 가장 귀찮았다. 지그가 엉성한데 그에 맞춰 목재를 붙이니 마감이 상당히 조잡했다. 살짝 걱정했지만, 막상 깔아보니 제법 깔끔하게 들어가서 고생 끝에 낙이 온 것 같았다. 밟으면 여기저기 삐걱삐걱 소리가 났지만 그 정도는 신경 쓰지 않기로 했다.

그 후에 다시 접이식 작업대와 바퀴 달린 공구 수납장, 벽면 수납장을 만들어서 한층 더 이용하기 편리하게 만들었다. 한정된 공간이라서 벽을 이용하거나 접이식으로 만들거나 바퀴를 다는 등 연구가 필요했다.

마침내 '나의 미니 하우스'가 완성됐다. 나 역시 직접 만들 수 있었던 것이다. 가든 하우스 만들기에 열중한 날들은 정말 보람 있었다! 얼마 후에 새로운 가든 하우스를 만들고 싶어질 것 같아서 무섭기는 하지만…….

가든 하우스 셀프 빌드 메모	
공법	2×4 패널 공법
바닥 면적	4.9㎡
총예산	약 120만 원
지붕재	온두빌라 타일
바닥재	SPF 1×4재
외벽	삼나무 판
덱	SPF 2×6재
문, 창문	합판, 삼나무 판, 서까래용 목재, 아크릴
선반	SPF 2×4재
페인트	오리지널 수성 페인트

* 하드우드: 활엽수를 사용한 단단한 나무
* 비늘판벽: 나무판재를 가로로 붙이는 방식의 벽. 비늘처럼 널의 한 옆을 조금 겹쳐 대어 빗물이 흘러내리게 붙임

Part 2
Garden House & Shed Self-Build Manual

가든 하우스와 창고 만들기 실전 매뉴얼

건축 신청이 필요 없는 미니 하우스와 정원 창고는 셀프 빌드의 대상으로 적합하다.
Part 2에서는 DIY로 간단하게 시공할 수 있는 '미니 하우스'의 다섯 가지 사례를 실었다.
계획 세우기부터 자재 준비, 상세한 시공 과정을 실용 도면과 함께 소개한다.

◎ 2×4 공법을 이용한 가든 하우스 만들기
◎ 1.5평의 미니 가든 하우스 만들기
◎ 집 벽을 이용한 정원 창고 만들기
◎ 오두막풍의 창고 만들기
◎ 고상식 미니 하우스 만들기

* 편집부 주 ① : 이 항목에서 다루는 '자재 일람표' 안의 '참고 가격'은 편집부가 조사한 소비자 가격의 근사치입니다.
* 편집부 주 ② : 편의상 2×재의 두께는 40mm로 하고, 2×4재의 폭은 90mm로 합니다. 예외는 도면에 표기했습니다.

간단한 2×4 공법을 이용한 가든 하우스 만들기

아무리 크기가 작아도 집 한 채를 내 손으로 만든다고 하면 덜컥 겁부터 날 것이다.
하지만 초심자라도 혼자 힘으로 집을 만드는 것은 그리 어렵지 않다.
특히 2×4 공법으로 만드는 집은 비교적 DIY에 적합하다.
여기서는 바닥 면적 5㎡ 정도인 미니 하우스를 실제로 만들어봤다.
창고나 공방, 별채의 서재 등으로 활용할 수 있을 것이다.

시공 ◎구리타 히로무와 동료들, 《두파!》 편집부
사진 ◎이세 가즈토, 《두파!》 편집부
일러스트 ◎이와타 신지로

Part 2
Garden House & Shed Self-Build Manual

Step 1 계획과 준비

간단한 2×4 공법을 이용해 건축 신청이 필요 없는 작은 집을 만들어보자

여기서는 2×4 공법을 이용해 면적 5m² 정도의 가든 하우스를 만들어보겠다. 기초는 시중에 판매하는 4×4재용 주춧돌을 사용해 간단한 독립기초를 만들었다. 예를 들어 작은 우드 덱을 만들고 그 위에 지붕이 달린 '상자'를 세운다고 생각하면 된다.

면으로 강도를 확보하는 2×4 공법은 재래 공법에 비해 쉬워서 아마추어가 도전해볼 만하다. 또 목재의 치수도 최대한 절단을 줄여서 목재를 낭비하지 않게 설정한다. 여기서는 합판(910mm×1820mm)을 되도록 자르지 않고 쓸 수 있도록 설정에 신경을 썼다.

자재는 어디에서든지 구입할 수 있고 저렴하면서 목귀질*을 할 필요가 없는 여러 종류의 2×재를 주로 사용하고, 여기에 지붕재와 외벽재로 쓰이는 삼나무 판 등을 추가했다(표 참조).

또한 창호로 2×재와 아크릴판을 사용하고 창문과 문을 각각 하나씩 만들기로 했다. 양쪽 가장자리의 처마널은 채광을 위해 아크릴판(두께 5mm)을 사용하기로 했다. 문과 창문은 기성품을 사용하지 않고 전부 직접 만들었다. 단, 이 부분만큼은 숙련도가 높아야 하므로 자신이 없는 사람은 기성품을 구입해도 된다. 참고로 자재 구입에 든 예산은 약 140만 원으로 조립식 자재와 비교해도 상당히 저렴하다. 기본적인 공사 기간은 여기서는 총 7명이 서로 교대해가며 이틀 반나절이 걸렸지만, 일반적으로는 각종 공구 사용에 익숙한 남성을 포함한 남자 두 사람이 함께 작업한다고 치면 약 일주일에서 열흘 정도 걸릴 것이다.

* **목귀질**: 목재의 모서리를 둥그스름하게 하기 위하여 나무를 다듬는 일

작업 순서

기초 → 장선, 토대 → 측면 패널 → 트러스, 마룻대 올리기 → 지붕 덮기 → 외벽(사이딩) → 바닥 깔기 → 창문, 문 부착 → 도장 작업

01 준비한 자재. 잘못 자를 것도 고려해서 목재는 10~20% 넉넉하게 구입해놓자.

준비한 자재 일람표

			*가격은 참고 가격입니다.
4×4재(6ft)	1개	약 1만 원	방부 처리한 것
2×6재(12ft)	7개	약 7만 원	토대, 장선 등에 사용
2×6재(6ft)	55개	약 31만 원	지붕널, 창호 등에 사용
2×4재(12ft)	20개	약 8만 원	구조재, 창호 등에 사용
1×4재(2ft)	10개	약 1만 원	창문과 문의 트리밍
구조용 합판(12mm×910mm×1820mm)	20장	약 20만 원	바탕재로 사용
삼나무 판(12mm×180mm×1800mm)	10묶음 (100장)	약 20만 원	벽, 바닥에 사용
아스팔트 싱글(적갈색)	7묶음 (140장)	약 21만 원	지붕용
21kg 루핑(방수시트)	2장	약 4만 원	지붕, 벽에 사용
4×4재용 주춧돌	6개	약 5만 원	
아크릴판(5mm×900mm×1800mm)	2장	약 16만 원	박공벽, 창문, 문에 사용
경첩(대, 소)	1쌍씩	약 3만 원	문, 창문에 사용
빗장걸쇠(오도시)	2개	약 5000원	문, 창문에 사용
각종 나사, 못(싱글용 못 24mm, 나무나사 38mm/65mm/75mm/90mm, 바닥재용 못 50mm, 둥근못 50mm, 타커용 스테이플) 적당량			

02 오른쪽부터 나무나사 90mm, 75mm, 65mm, 바닥재용 못 50mm, 나무나사 38mm, 싱글용 못 24mm, 둥근못 50mm, 타커용 스테이플

주로 사용한 공구류

전동공구	원형톱, 임팩트 드라이버, 드라이버 드릴, 지그소
수공구	타커*, 커터, 쇠망치, 고무망치, 노루발못뽑이, 클램프, 평끌, 스크레이퍼*
계측 도구	줄자, 곱자, 직각자, 초크 라인*, 수준기
도장 도구	붓, 페인트 페일통, 걸레(낡은 천), 비닐장갑
기타	코드 릴*, 발판 사다리

* **타커**: 압정 또는 금속 핀을 공기압 등으로 박는 공구
* **스크레이퍼**: 기계로 깎거나 줄질한 면을 다시 정밀하게 다듬는 데에 쓰는 칼
* **초크 라인**: 벽이나 마루 따위의 넓은 면에 직선을 긋기 위해 분필 가루를 먹인 끈
* **코드 릴**: 전기 코드를 감는 장치와 콘센트를 부착한 원통형의 기구

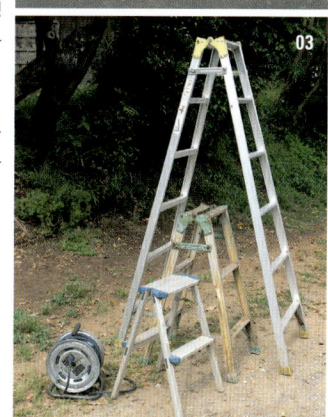

03 작업 효율을 높이는 발판 사다리와 코드 릴은 필수품이다.

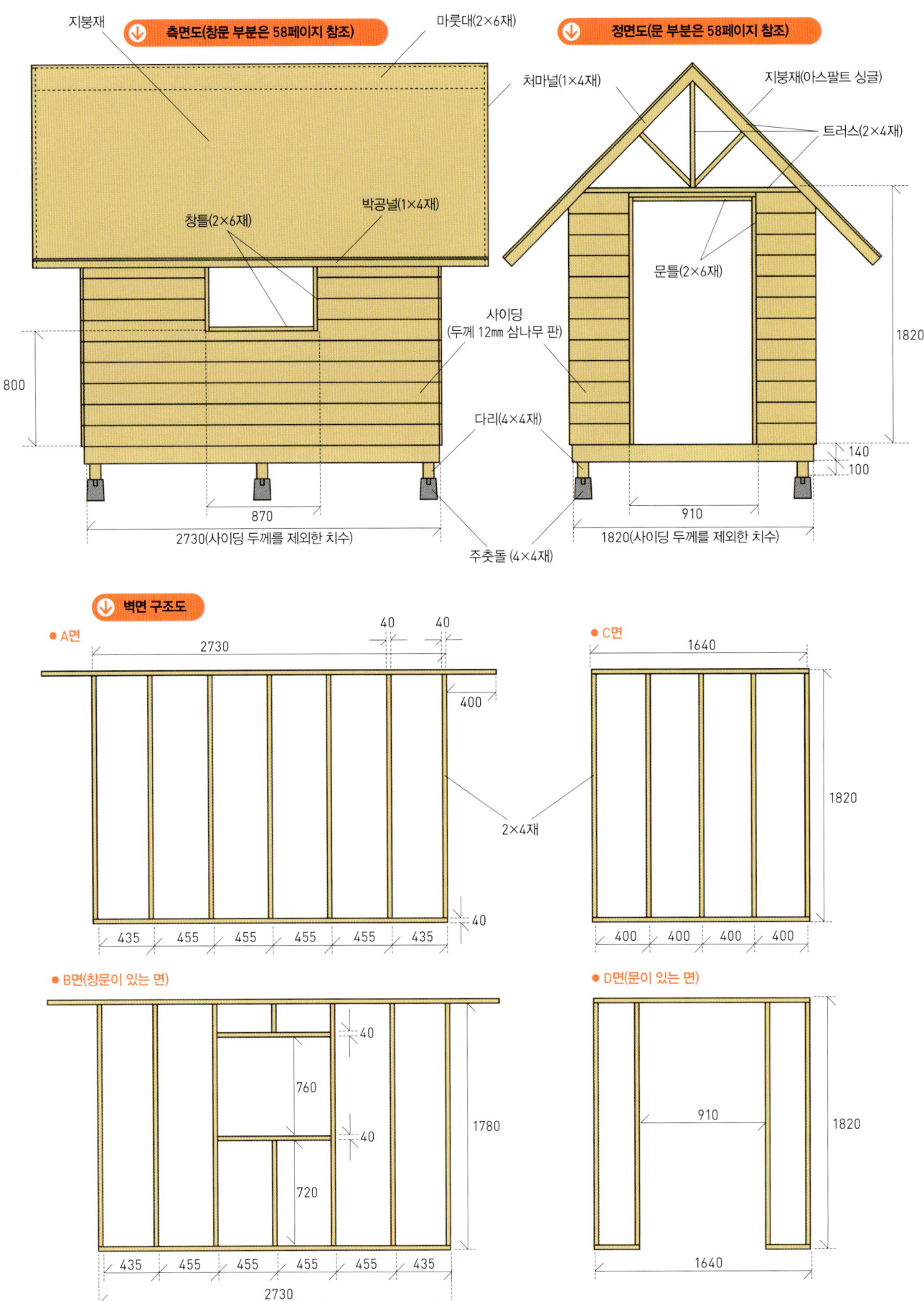

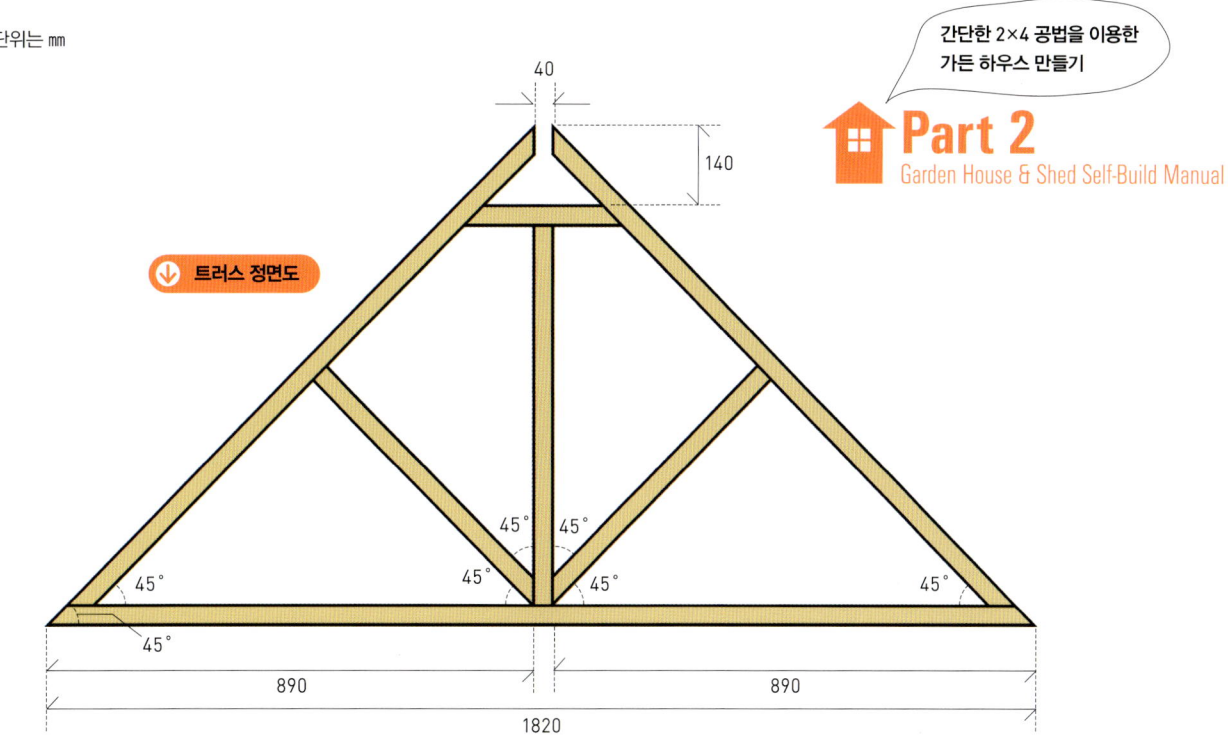

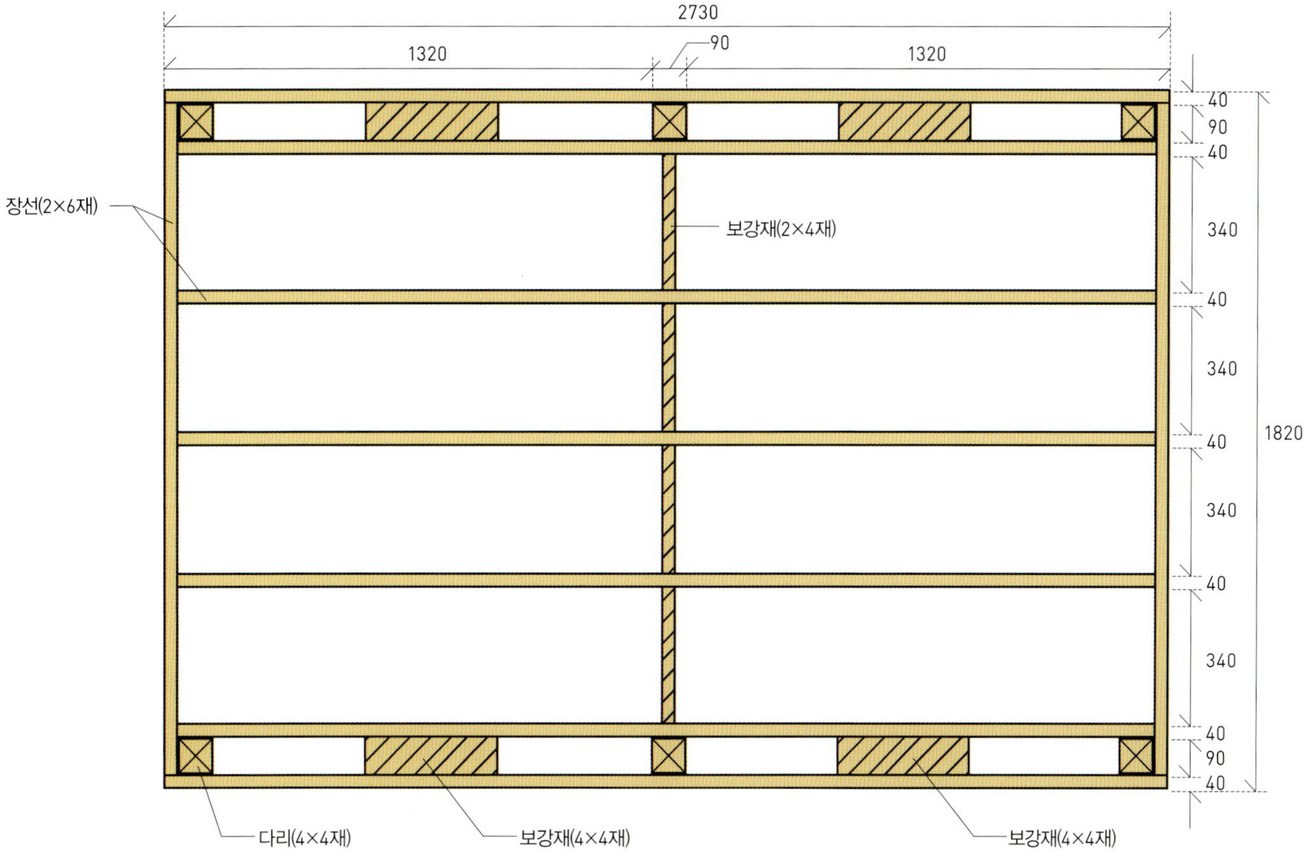

Step 2 기초, 토대, 장선

처음이 중요하다. 장선의 수평과 다리의 수직, 모서리의 직각을 정확하게 확인한다

우선 시공할 장소의 땅을 평평하게 고르고 탬퍼 등을 사용해 단단히 다져서 어느 정도 준비를 해둔다.

각 모서리에 주춧돌(4×4재용)을 놓고 다리(4×4재)와 외곽 틀의 장선(2×6재)을 대어 임시로 고정한다. 그런 다음 높이와 수평, 모서리의 직각이 맞는지 확인하면서 나사(나무나사 90mm)를 박아 고정한다.

토대를 짓는 데는 네 모서리 중 한 곳을 정해 다리와 외곽 틀을 확실하게 고정하고 그 모서리를 기준으로 외곽 틀을 둘러쳐서 고정하는 방법이 있다. 인원이 부족하다면 먼저 외곽 틀을 짜고 다 함께 들어 올려 다리를 부착한 다음 주춧돌에 올려도 된다. 단, 어떤 방법을 이용하든지 작업을 마치면 수준기로 수평을 맞추거나 두 대각선 길이를 똑같이 맞춰서 모서리가 직각인지 정확하게 확인해야 한다.

또 여기서는 주춧돌을 지면에 놓고 사용했지만 바닥을 낮게 설정하고 싶으면 주춧돌을 땅에 살짝 묻어도 된다. 이때 지면에 놓는 주춧돌끼리 수평을 맞추려고 애쓰는 사람이 있는데 대충 해도 상관없다. 중요한 것은 장선을 정확하게 수평으로 맞추는 것이므로 장선을 다리에 설치할 때에만 수평을 확인하면 된다.

외곽 틀과 각 모서리의 다리를 다 설치하고 나면 나머지 두 주춧돌과 다리, 안쪽 장선과 보강재를 부착하고 장선 위에 구조용 합판을 깐다. 이 과정을 다 마치면 토대 부분이 완성된다.

1. 시공할 위치가 정해지면 도면 치수대로 모서리에 놓을 주춧돌 4개를 올려본다(임시 설치).

2. 외곽 틀을 임시로 설치해보고 세밀하게 위치를 조정한다. 두 대각선의 길이가 같으면 정확한 직사각형이 만들어졌다는 의미다. 이 확인 작업은 매우 중요하다.

3. 모서리의 장선(2×6재)을 직각으로 연결한다. 이때 90mm 나무나사를 박아 고정한다.

4. 외곽 틀을 고정한 다음 각 모서리의 주춧돌 위에 임시로 올려본다. 문제가 없으면 다리에 고정한다.

5. 외곽 틀을 빙 둘러 고정하고 각 모서리의 다리(4×4재)를 설치한다. 수준기를 이용해 외곽 틀의 수평을 확인한다. 참고로 이 경우, 장선과 주춧돌 사이에 폭 100mm의 공간을 두기로 했고 다리 높이는 그 폭에 맞췄다.

6. 수평과 수직 등을 확인하면 정식으로 나사를 박아 고정한다. 다리와 장선을 고정할 때는 90mm의 나무나사를 사용한다. 이 부분은 부하를 크게 받으므로 나무나사를 넉넉히 사용해야 한다.

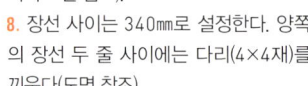
7. 나머지 다리를 부착하고 나면 안쪽의 장선(2×6재)을 붙인다(부착 위치는 47페이지 도면 참조).

8. 장선 사이는 340mm로 설정한다. 양쪽의 장선 두 줄 사이에는 다리(4×4재)를 끼운다(도면 참조).

9. 양쪽의 두 장선 사이에 보강재(4×4재)를 넣는다.

10. 장선은 부하를 받는 부분이므로 튼튼하게 고정해야 한다. 특별히 유의해서 사진처럼 90mm의 나무나사를 많이 사용하도록 하자.

11. 반드시 장선과 주춧돌 사이의 공간(폭 100mm)에도 보강재(2×6재)를 넣는다.

12. 장선이 전부 들어간 상태다.

13. 장선 위에 합판(두께 12mm)을 깔고 장선을 따라 50mm의 둥근못을 쇠망치로 박는다.

14. 합판을 다 깔자 토대가 완성됐다. 여기서는 910mm×1820mm 크기의 합판 3장을 자르지 않고 깔 수 있도록 설계했다.

Step 3 측면 패널 설치

2×4재로 틀을 만들고 합판을 붙여서 벽을 세운다

간단한 2×4 공법을 이용한 가든 하우스 만들기

Part 2
Garden House & Shed Self Build Manual

2×4재를 사다리 모양으로 짜 맞추고 그 위에 두께 12㎜의 합판을 붙여서 패널을 만든다. 총 4면을 만들어서 토대 위에 세우면 벽면부가 완성된다. 그다음 2×4재를 사용해 사다리 모양의 뼈대를 만드는데 이때 창문과 문을 다는 부분을 피해서 조립한다.

또한 합판을 뼈대에 붙일 때는 12㎜ 정도 아래쪽으로 옮겨서 붙여야 한다. 이는 패널을 토대에 세울 때 토대 가장자리에 걸쳐지게 하고 나중에 지붕널을 내달 때 합판에 닿지 않게 하기 위해서다(51페이지 도면 참조).

1. 치수에 맞게 2×4재를 자르고 조립한다. 사진은 창문이 없는 측면의 뼈대를 완성한 모습이다. 나중에 지붕널이 올라가는 상판은 길게 만들어졌다.

2. 합판을 뼈대에 붙여 패널을 만든다. 여기서는 창문이 없는 측면에 910㎜×1820㎜ 크기의 합판 3장을 자르지 않고 붙일 수 있도록 설계했다.
3. 측면 패널에 합판을 붙일 때는 반드시 아래쪽으로 12㎜ 옮겨 붙인다. 나중에 지붕널을 덮을 때 닿지 않게 하기 위해서다(51페이지 도면 참조).

4. 패널을 세우고 나무나사(65㎜)를 박아 토대에 고정한다.

5. 나무나사는 아래쪽 틀 위에서 박는다.

6. 12㎜ 옮긴다. 아래쪽으로 옮겨 붙인 합판이 토대 밖으로 나와 있다.

7. 창문이 있는 측면 패널은 뼈대 모양이 다르다(46페이지 도면 참조).
8. 창문이 있는 측면 패널이 완성됐다. 창문 부분은 뚫려 있다.

9. 측면과 같은 방법으로 후면 뼈대를 만든다. 측면 패널 사이에 끼워야 하므로 뼈대의 너비가 토대의 폭보다 측면 패널의 두께(9.0㎜×2)만큼 짧아지니 주의해서 만들자. **10.** 후면과 전면에 붙이는 패널은 튀어나온 측면의 상판에 닿지 않도록 깎아둔다. **11.** 후면 패널을 설치한 모습. **12.** 전면 뼈대를 완성했다. **13.** 전면의 패널을 붙이면 4면 전체에 측면 패널 설치가 끝난다. 문의 아랫부분에 뼈대 밑판이 보이는데 이것은 나중에 잘라낸다.

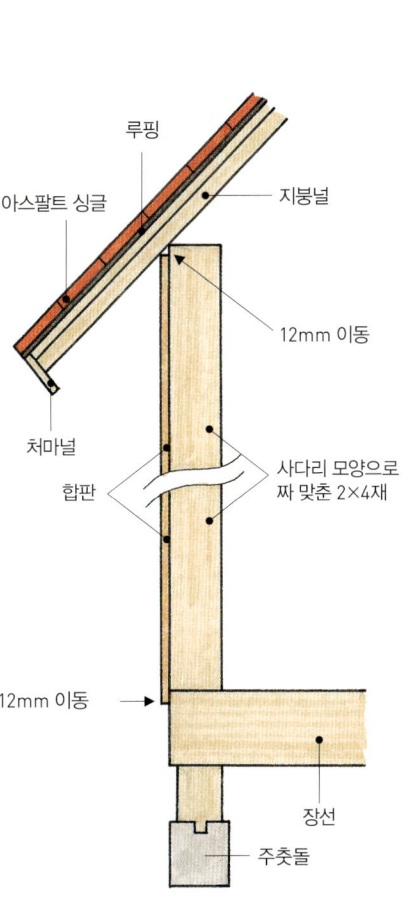

051

Step 4 트러스, 마룻대 올리기

두께 5mm의 아크릴판을 이용해 채광을 확보하고 디자인 효과를 높인다

지붕을 받치는 전후 면 박공벽(삼각형 벽)의 뼈대가 되는 트러스를 만든다. 보통은 다 조립한 트러스에 판재를 붙여 만들지만, 여기서는 실내 채광과 디자인 효과를 고려해서 두께 5mm의 아크릴판을 붙이기로 했다. 아크릴판은 유리와 달리 원형톱으로 자를 수 있어서 사용하기 편리한 소재다.

박공벽을 세우고 앞뒤로 마룻대(2×6재)를 건너지르면 마룻대 올리기가 순조롭게 끝난다. 트러스를 조립할 때는 정확하게 45도 각도로 절단하는 것과 아크릴판을 가공하는 것이 가장 중요하다.

1. 도면(47페이지 도면 참조)과 같이 2×4재를 짜 맞춰 트러스를 만든다. 작업 과정에 목재를 45도 각도로 잘라야 하는 부분이 있어서 만들기가 매우 까다롭다. 각도를 정확히 맞추도록 주의해서 자르자. 콘크리트 패널에 실물 치수대로 먹선을 긋고 이 먹선에 맞춰 잘라낸다. 이렇게 만들어진 부재를 놓고 조립하면 작업 효율이 높아진다.

2. 트러스는 먹선을 그은 콘크리트 패널에 맞춰 설치하면 작업하기 편하다. 접합은 75mm의 나무나사를 사용한다. 비스듬히 박는 부분도 있으므로 조심하자.

3. 전후 면의 트러스를 완성했다. 이제 똑같은 크기의 트러스가 2개 생겼다. 여기에 아크릴판을 붙일 예정이다.

4. 완성된 트러스를 아크릴판 위에 대고 치수를 재서 외형의 먹선을 긋는다. 아크릴판의 표면에는 스크래치가 나지 않도록 얇은 종이가 붙어 있어서 쉽게 먹선을 그을 수 있다.

5. 원형톱을 이용해 먹선을 따라 아크릴판을 자른다. 아크릴판은 잘 깨지는 데다 깨질 때 파편이 튀어서 예기치 못한 상처를 입을 수 있으므로 주의한다. 원형톱을 앞으로 밀 때 톱날이 나가는 폭을 최소한으로 줄이고 자르기보다는 깎는다는 느낌으로 잘라가는 것이 요령이다.

6. 원형톱으로 자를 수 없는 복잡한 부분은 지그소를 사용한다.

7. 다 자른 아크릴판을 트러스에 붙인다. 무작정 나무나사를 박으면 깨질 우려가 있으므로 우선 지름 2mm의 드릴 비트로 나사길을 뚫어 놓는다.

8. 지름 2mm의 드릴 비트로 나사길을 뚫은 다음 65mm의 나무나사로 고정한다.

9. 트러스에 아크릴판을 붙여서 박공벽을 완성했다. 전후 면에 사용하므로 똑같은 것을 2장 만든다.

10. 완성된 박공벽을 전면과 후면의 패널 위에 올리고 고정한다.

11. 전후 면의 박공벽 위에 마룻대(2×6재)를 걸친다.

12. 마룻대를 고정하면 드디어 마룻대 올리기 완료! 앞뒤로 돌출된 부분은 각각 400mm로 했다.

Step 5 지붕 덮기

지붕널에 2×6재를 사용해 단열성을 높인다

마룻대 올리기가 끝나면 드디어 지붕을 만들 차례. 이 작업을 마치면 집 모양이 제대로 갖춰지기 때문에 가장 보람 있는 단계다. 게다가 지붕을 다 덮으면 아무리 비가 와도 안심할 수 있어서 집을 짓고자 하는 의욕이 한층 불타오른다.

지붕 덮기 작업은 단순하지만 의외로 손이 많이 간다. 먼저 지붕널을 덮고 합판을 붙인 다음 루핑을 간다. 마지막으로 그 위에 아스팔트 싱글을 붙인다. 작업하는 위치가 높아서 발판 만들기도 중요하다. 이때 다치지 않도록 주의해야 한다.

1. 마룻대와 측면 패널의 상판에 2×6재를 걸쳐 놓고 가장자리부터 순서대로 붙이는데 이것이 지붕널이 된다. 보통은 좀 더 얇은 12mm 정도의 삼나무 판을 지붕널로 붙이지만, 여기서는 두께 40mm의 2×6재를 사용했다.

2. 90mm의 나무나사를 비스듬히 박아서 지붕널(2×6재)을 부착한다.

3. 가장자리부터 순서대로 지붕널을 붙인다. 발 디딜 곳이 마땅치 않으므로 주의해야 한다.

4. 지붕널을 다 붙인 모습이다.

5. 원형톱을 이용해 지붕널 가장자리를 합판의 긴 쪽 길이(1820mm)에 맞춰 가지런히 자른다.

6. 가지런히 자른 지붕널의 가장자리 안쪽에 보강재를 붙인다. 이 보강재는 2×4재를 반으로 길게 잘라 만든 것이다.

7. 처마널(1×4재)을 붙인다. 이때 지붕널 위에 붙이는 지붕바닥재는 합판의 두께(12mm)만큼 위로 튀어나오게 한다(51페이지 도면 참조).

8. 앞뒤의 지붕널 측면에 박공널(1×4재)을 부착한다. 가장 윗부분은 45도 각도로 잘랐다.

9. 처마널과 박공널을 붙인 상태. 지붕바닥 재가 합판의 두께(12㎜)만큼 튀어나왔다.

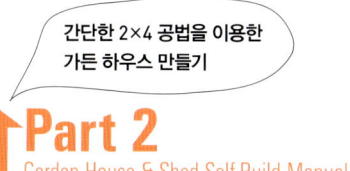

간단한 2×4 공법을 이용한
가든 하우스 만들기

Part 2
Garden House & Shed Self-Build Manual

10. 지붕에 합판을 붙인다. 50㎜의 둥근못을 박아 부착한다.

11. 루핑을 깐다. 정확히 수평에 맞춰서 깔아야 나중에 아스팔트 싱글을 일렬로 가지런히 붙일 수 있다.

12. 루핑은 타커를 이용해 고정한다. 타커가 없으면 가는 못을 대신 사용해도 된다.

13. 아스팔트 싱글을 지붕의 가장자리에서 위쪽 방향으로 붙인다. 이때 반으로 자른 싱글을 첫 단에 붙이고 옆면과 이어지는 부분을 약간 겹쳐서 붙인다(첫 줄은 아스팔트 싱글을 자르지 않고 단순히 위아래를 뒤집어서 붙이는 경우도 많다).

14. 다시 한 번 첫 줄의 아스팔트 싱글 위에 겹쳐서 붙이는데, 이번에는 금이 아래쪽에 생기도록 한다.

15. 나머지는 같은 방향으로 반씩 겹쳐가며 위쪽 방향으로 붙인다.

16. 아스팔트 싱글은 싱글용 24mm 못을 박아 고정한다. 금의 상단 위쪽에 겹쳐서 보이지 않는 부분에 못을 박는다.
17. 위쪽으로 붙여갈수록 발 디딜 곳이 부족해지므로 사진처럼 판재를 임시로 설치해서 발판을 만들 필요가 있다.
18. 가장 윗부분은 아스팔트 싱글을 많이 겹치고, 마지막에는 바로 위에서 감싸서 고정한다.

19. 아스팔트 싱글 지붕이 완성됐다.

Step 6 사이딩(외벽)과 바닥 깔기

값이 저렴한 삼나무 판을 이용해
비늘판벽을 만들어 편안한 느낌이 들도록 마감한다

외벽은 시중에 판매하는 사이딩을 사용하지 않고 두께 12㎜의 값이 싼 삼나무 판을 이용해 비늘판벽으로 마감한다. 이 작업은 가장 밑단부터 삼나무 판을 조금씩 겹쳐가면서 붙이는 식이다. 일단 완성하고 나면 편안한 느낌이 드는 컨트리풍의 오두막으로 변신할 것이다.

비늘판벽 작업에서는 판재의 겹치는 폭을 일정하게 하기 위해 간단한 수제 지그를 만들어 이용한다(사진 4 참조). 또한 창문이나 문을 만들 때는 가장 윗부분을 일부 깎아내야 하고, 바닥을 깔 때는 바닥재용 못을 박아서 판재가 쉽게 빠지지 않도록 고정해야 한다. 여기서는 완벽한 방수 처리를 위해 루핑을 붙였지만, 만약 없다면 생략해도 상관없다.

바닥은 삼나무 판을 가장자리부터 빈틈없이 깔기만 하면 된다. 안쪽에서부터 깔기 시작해서 마지막 한 줄은 치수를 잘 재서 자르자.

1. 루핑을 벽에 빙 둘러 붙이고 타커를 이용해 고정한다. 루핑이 없으면 이 과정은 생략해도 상관없다. 2. 두께 12㎜의 삼나무 판을 이용해 비늘판벽(사이딩)을 붙인다. 먼저 폭 30㎜ 정도로 길게 자른 삼나무 판을 벽의 맨 아래쪽 줄에 고정한 다음, 이 위에 첫 번째 삼나무 판을 붙인다. 3. 두 번째 줄을 붙인다. 직접 만든 지그를 겹쳐 대서 폭을 일정하게 만든다. 4. 직접 만든 지그. 이것을 사진 3과 같이 판재에 대고 다음 줄의 삼나무 판을 얹어서 고정한다.

5. 다 붙인 비늘판벽의 모습. 단, 모서리 부분의 마감 처리가 약간 지저분하다.
6. 모서리를 감추기 위해 삼나무 판을 직각으로 짜 맞춘다.
7. 6을 모서리에 고정한다. 이렇게 하면 모서리가 깨끗해지고 디자인 효과도 있다.
8. 안쪽에서부터 바닥재(두께 12㎜의 삼나무 판)를 붙이기 시작한다. 빈틈없이 붙여야 한다. 바닥재용 못은 장선의 위치를 따라 박아서 고정한다.
9. 바닥을 다 깔아 놓은 상태. 마지막 한 줄은 원형톱으로 잘라서 폭을 조절하자.

Step 7 창문, 문 부착

2×재와 아크릴판을 사용하면 멋진 창호를 만들 수 있다

창문이나 문 등의 창호는 목공 중에서도 고도의 기술이 요구되므로 판재만 사용해 간단히 만들거나 전문가에게 의뢰하는 편이 무난하다. 그러나 여기에서는 과감히 2×재와 아크릴을 사용하여 창문과 문 제작에 직접 도전해봤다. 자재로는 2×재와 두께 5mm의 아크릴판이 필요하며 문에만 삼나무 판을 추가한다. 값은 저렴하지만 분위기만큼은 멋지게 완성될 것이다. 아크릴판을 사용하는 이유는 유리에 비해 잘 깨지지 않고 원형톱으로 가공할 수 있기 때문이다.

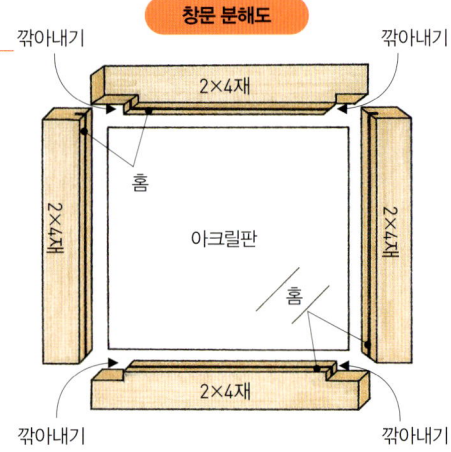

창문 분해도

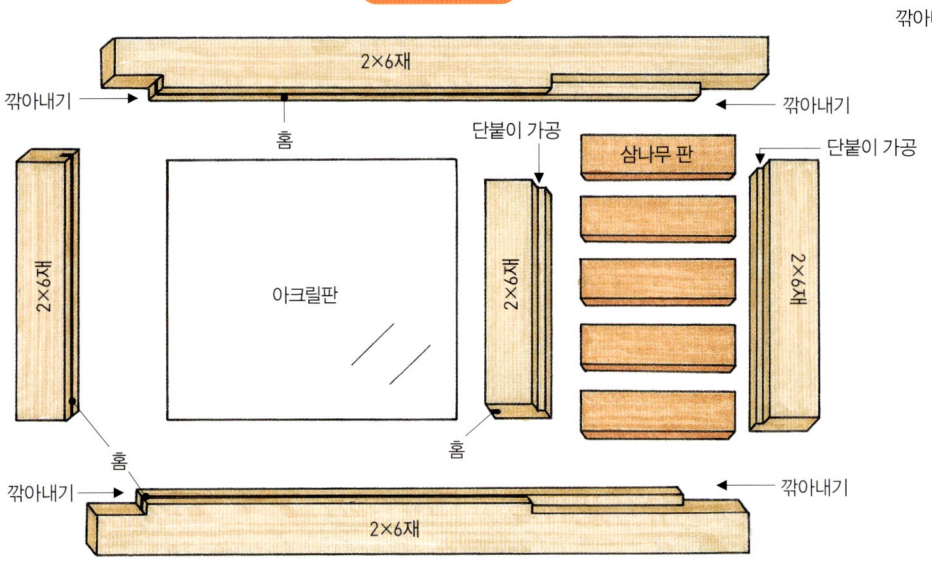

문 분해도

1. 창문의 개구부에 창틀을 끼우고(2×6재) 나무나사를 박아 고정한다. 2. 창문의 바깥둘레에 트리밍 보드(1×4재)를 붙여 장식한다. 트리밍 보드는 50mm의 둥근못으로 고정한다. 3. 문의 개구부에도 문틀을 붙인다(2×6재). 단, 문틀에는 바닥 틀을 붙이지 않는다. 4. 문의 바깥둘레에도 트리밍 보드(1×4재)를 붙인다. 창문과 마찬가지로 디자인 효과를 위해 양쪽의 세로 방향으로 댄 판재는 조금 길게 한다.

5. 창문은 사진과 같이 2×4재를 짜 맞추고 아크릴판을 끼워 넣어 만든다(58페이지 도면 참조).

6. 원형톱을 이용해 2×4재의 세로 단면(가장자리 면)에 폭 5㎜의 홈을 파고 아크릴판이 들어가도록 가공한다. 원형톱날은 얇으므로 네 번 정도 반복해서 홈을 판다. 홈의 깊이는 15㎜로 했다.

7. 창틀의 깎아내는 부분을 톱으로 자른다.

8. 틀은 90㎜의 나무나사를 이용해 접합한다. 이때 나사 길이가 틀의 폭보다 짧으므로 지름 12㎜의 드릴 비트를 이용해 깊이 30㎜ 정도로 구멍을 뚫어 놓는다. 그런 다음 이 구멍으로 나무나사를 박는다. 사진은 드릴로 나사길을 뚫는 모습이다.

9. 창문에 사용할 목재의 가공이 끝난 상태. 아크릴판을 끼워 넣는 홈과 접합할 때 사용하는 나사길이 보인다.

10. 아크릴판을 끼워 넣고 틀을 접합해서 창문을 조립한다.

11. 창문과 같은 방법으로 문을 제작한다. 기본적인 방법은 같으나 문에는 2×6재를 사용한다는 차이가 있다.

12. 윗부분은 아크릴, 아랫부분은 삼나무 판을 세로로 붙였다(58페이지 도면 참조).

13. 창문과 문의 제작이 끝났다. 이제 경첩을 달아 부착하기만 하면 된다.

14. 틀에 경첩을 다는 부분을 평끌로 가볍게 쳐내고 창문을 경첩으로 연결한다.
15. 창문과 같은 방법으로 문을 부착한다.
16. 창문 안쪽에 빗장걸쇠를 부착한다.
17. 창문을 단 모습이다.

18. 문도 달았다. 이것으로 가든 하우스가 완성됐다.

간단한 2×4 공법을 이용한
가든 하우스 만들기

Part 2
Garden House & Shed Self-Build Manual

Step 8 도장과 마감 작업/완성

약 140만 원의 저렴한 가격으로 품위 있는 가든 하우스 완성!

가든 하우스를 다 만들었으면 이제 외부 장식을 시작하자. 물론 그 상태로도 충분히 멋지지만, 기왕이면 더 멋지게 장식하고 방부 처리도 해두는 편이 좋다.
여기서는 스테인 계열의 외장용 도료를 칠하고 정면에 침목 계단과 간판, 장식물을 달았더니 몰라볼 정도로 품위 있는 모습으로 변했다.

01 나무 재질의 간판을 다는 모습이다. **02** 문에 자연목 손잡이를 달았다. **03** 바닥 면적이 5㎡라고 해도 천장이 높고 실내가 환해서 넓게 느껴진다. 게스트 하우스나 미니 공방으로 활용하기에 안성맞춤이다.

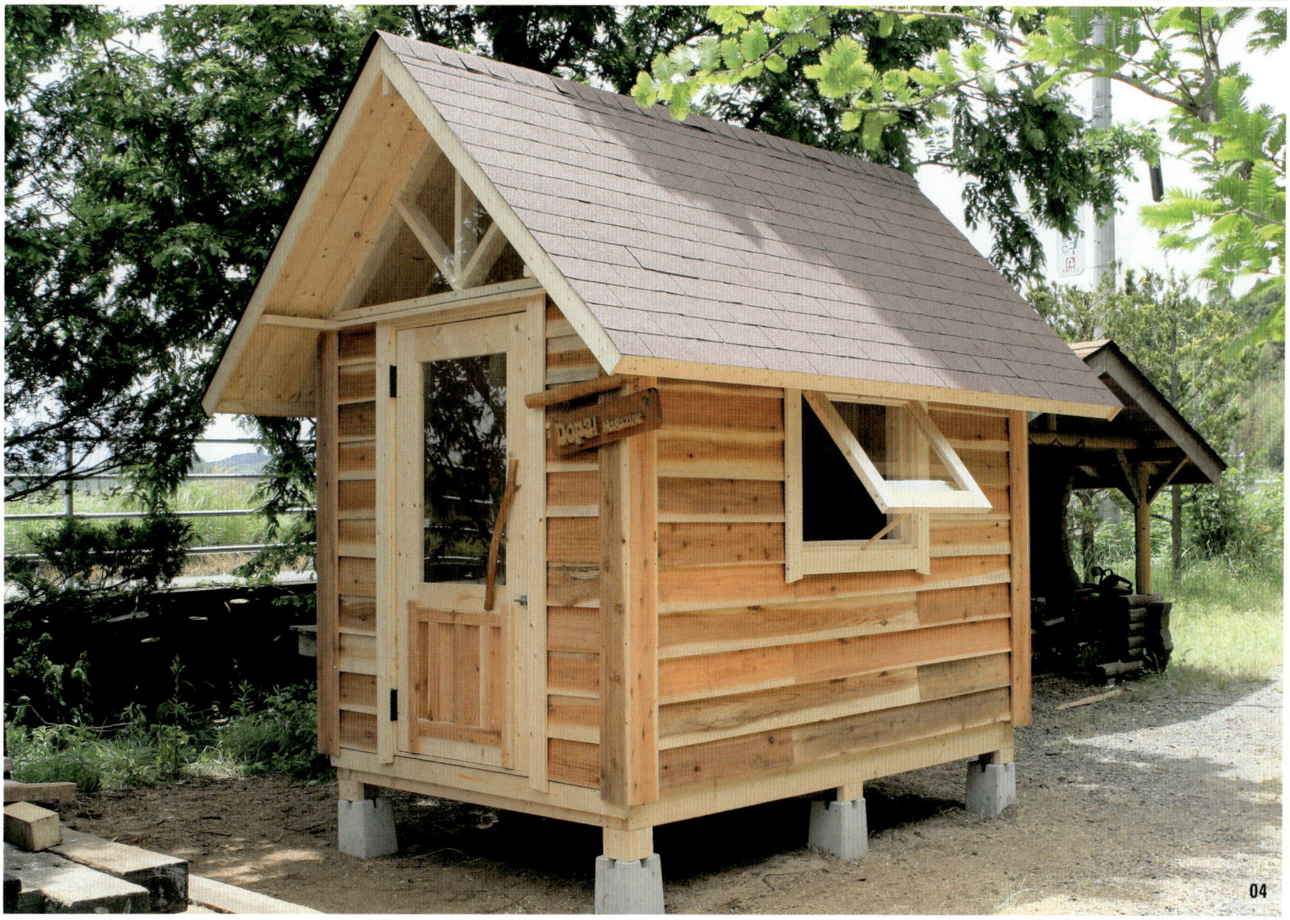

04 비늘판벽(사이딩)과 직접 만든 창호가 효과를 발휘해서 컨트리풍의 오두막으로 변신했다.

간단한 2×4 공법을 이용한
가든 하우스 만들기

Part 2
Garden House & Shed Self-Build Manual

외벽에 스테인(투명 착색제의 하나로 실내 목재 도포용의 도장 착색재)을 칠했더니 몰라볼 만큼 완성도가 높아졌다. 전부 합해서 140만 원 정도라니 이렇게 저렴할 수가!

**정원 한구석에 내 손으로 직접 가든 하우스를 만들었다.
게스트 하우스나 공방으로 사용할까?
아니면 별채의 서재로 할까?**

실내에 침대와 테이블, 의자를 들여놓았다.

완성된 가든 하우스의 바닥이 조금 높아서 입구 앞에 계단 대신 침목을 놓고 꽃과 목조 장식으로 주위를 연출했다. 재료비가 겨우 140만 원 정도라는 게 믿기지 않을 정도로 격조 높은 분위기의 집이 되었다. 여기서는 침대와 의자를 갖다 놓고 별채의 게스트 하우스처럼 꾸며봤는데 실내에 고미다락과 선반을 설치한다면 미니 공방이나 창고로 활용할 수도 있을 것이다. 꼭 전기가 필요하다면 전기 배선 작업을 하면 된다. 아니면 임시방편으로 안채의 전원을 빌려서 작업 램프를 달아 사용하는 방법도 있다. 완성된 가든 하우스를 어떤 용도로 사용하느냐는 전부 당신 마음에 달렸다.

가든 하우스에 덱과 카운터를
추가하는 데도 시공이 매우 간단하다!

1.5평의
미니 가든 하우스 만들기

이번에 소개할 가든 하우스는 깜짝 놀랄 정도로 시공이 간단하다.
DIY 경력이 짧더라도 일단 실패할 일이 없다.
충분히 만족할 만한 디자인에 마감 처리도 훌륭하다.
창문의 개구부가 크고 바깥쪽에 바 카운터가 달려 있어
스툴만 갖다놓으면 바로 활용할 수도 있다.

시공 ◎아폴로 사토, 《두파》 편집부, 하야시 나오카즈
사진 ◎이세 가즈토, 사토 히로키
일러스트 ◎《두파》 편집부

Part 2
Garden House & Shed Self-Build Manual

Step 1 계획과 준비

2×4 공법을 이용해 지붕이 한쪽으로 경사진 미니 하우스를 간단하게 시공해본다

자세히 설명하자면 바닥 면적이 약 7.3㎡인 우드 덱 위에 한쪽으로만 경사진 지붕을 가진 약 5㎡의 미니 하우스를 짓는 것이다. 우드 덱은 일반적인 덱과 똑같다. 기초석에 짧은 동자기둥[*]을 세우고 장선과 바닥을 붙인 것으로 바닥재는 2×6재를 사용한다.

미니 하우스는 간단한 2×4 공법을 이용하는데 먼저 2×4재로 짠 패널을 조립해서 벽면을 만든다. 가공이나 접합 방법이 간단해서 어려운 작업이 거의 없다. 문이나 창문도 1×재를 패널 모양으로 조립하고 경첩을 달아서 개구부에 고정하기만 했다. 설명만 보면 단순한 창고 모양의 미니 하우스일 것 같지만 넓은 창문의 개구부 바깥쪽에 카운터를 달고 스툴을 놓으면 세련된 분위기의 리조트 별장으로 변신한다. 개구부가 넓어서 내부도 답답한 느낌이 들지 않는다. 이곳에서 바비큐나 야외 파티를 벌이는 등 정원을 여가 활동 장소로 이용할 수 있다.

[*] 동자기둥: 목조 건축에서 들보 위에 세우는 짧은 부재

작업 순서
- 기초
- 장선, 토대
- 바닥재 도장 작업과 바닥 깔기
- 측면 패널의 뼈대, 서까래, 착고[*]
- 측면 패널
- 처마널과 박공널
- 지붕 덮기
- 벽재(壁材) 도장 작업과 외벽(사이딩)
- 창문, 문 부착
- 나머지 도장 작업

[*] 착고: 기와를 지붕에 이을 때 맨 위의 연결 부분에 공간이 생기는 것을 막기 위해 사용하는 것. 여기서는 처마도리 위에 서까래를 올릴 때 사이에 생기는 틈새를 막기 위해 사용하는 목재를 가리킴

준비한 자재 일람표
* 가격은 참고 가격입니다.

자재	수량	가격	용도
4×4재(4000mm)	1개	약 2만 5000원	방부 처리한 것. 동자기둥에 사용
2×6재(방부 처리한 것, 10ft)	10개	약 11만 원	토대, 장선에 사용
2×6재(12ft)	10개	약 9만 원	바닥, 장선, 개구부의 틀 등에 사용
2×4재(12ft)	13개	약 5만 원	구조재, 서까래 등에 사용
2×4재(10ft)	14개	약 6만 원	구조재 등에 사용
2×4재(6ft)	30개	약 6만 원	구조재 등에 사용
1×6재(12ft)	7개	약 1만 5000원	박공널, 처마널 등에 사용
1×6재(10ft)	2개	약 1만 5000원	창호 등에 사용
1×6재(8ft)	8개	약 5만 원	창호 등에 사용
1×4재(6ft)	4개	약 6000원	창호 등에 사용
침엽수 합판(12mm×910mm×1820mm)	17장	약 19만 원	벽 바탕재로 사용
삼나무 판(12mm×180mm×1820mm)	7묶음 (70장)	약 14만 원	외벽재로 사용
온두빌라 타일(400mm×1060mm)	32장	약 28만 원	지붕재로 사용
온두빌라 전용 용마루(Ridge) (500mm×1000mm)	4장	약 6만 원	지붕재로 사용
21kg 루핑(방수시트)	적당량	약 5만 원	지붕 바탕에 사용
직사각형 나무판이 붙은 기초석	4개	약 2만 원	기초석에 사용
화강암 갓돌(가장자리에 둘러놓은 돌)	12개	약 6만 원	기초석에 사용
경첩(대, 소)	1쌍씩	약 9000원	문, 창문에 사용
손잡이	1개	약 3000원	문에 사용
각종 나사(보통나사 32mm/65mm/75mm/90mm)	적당량		
지붕재 전용 못, 타커용 스테이플	적당량		

주로 사용한 공구류

전동공구	원형톱, 임팩트 드라이버(드릴 비트와 드라이버 비트)
수공구	톱, 쇠망치, 나무메, 타커, 커터, 삽, 탬퍼[*]
계측 도구	줄자, 초크 라인, 수준기, 곱자, 직각자
도장 도구	붓, 페인트 페일통[*], 걸레(낡은 천), 비닐장갑
기타	발판 사다리(2개 이상), 연장 코드, 다용도 작업대(쏘호스[*])

[*] 탬퍼: 포장 공사에서 콘크리트 등의 표면을 두드려 다지는 도구
[*] 페일통: 페인트를 덜어 쓸 때 사용하는 통
[*] 쏘호스(sawhorse): 목마 모양의 톱질할 때 사용하는 나무 받침대

기초 기둥과 장선의 평면도
* 처마널과 12mm 합판은 생략 * 길이 단위는 mm

- 동자기둥(4×4재)
- 장선(2×6재)
- 테두리 장선(2×6재)
- 2730
- 910, 910, 910, 910
- 910, 910, 910
- 2730

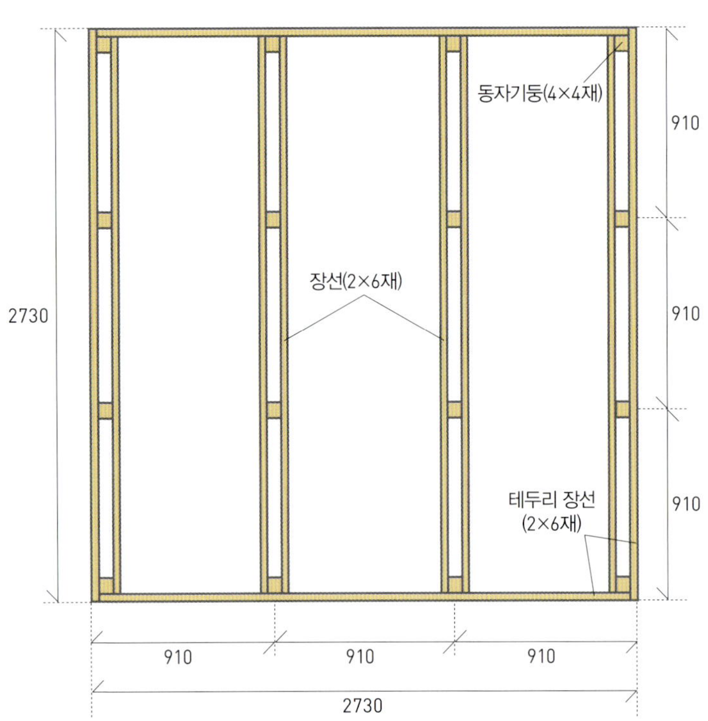

벽면 구조도 후면도
* 처마널과 12mm 합판은 생략 * 길이 단위는 mm

- 3130
- 1820
- 910, 910, 910
- 2730

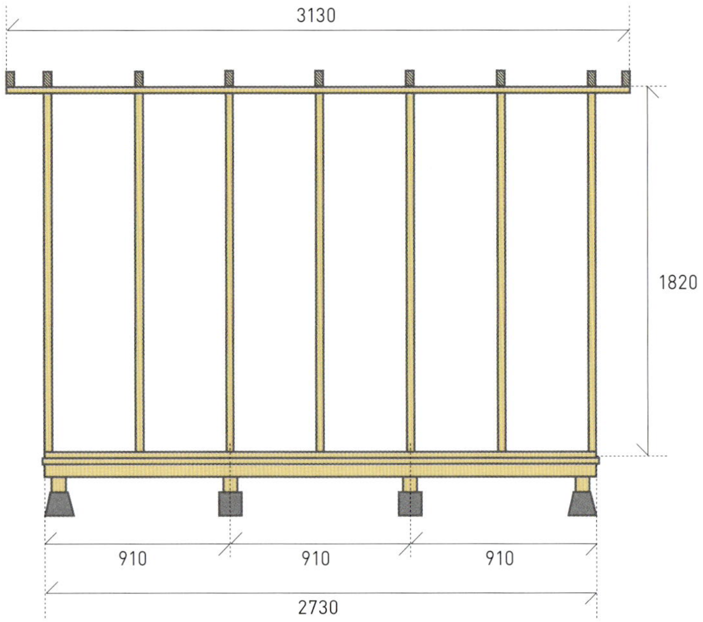

벽면 구조도 측면도
* 길이 단위는 mm

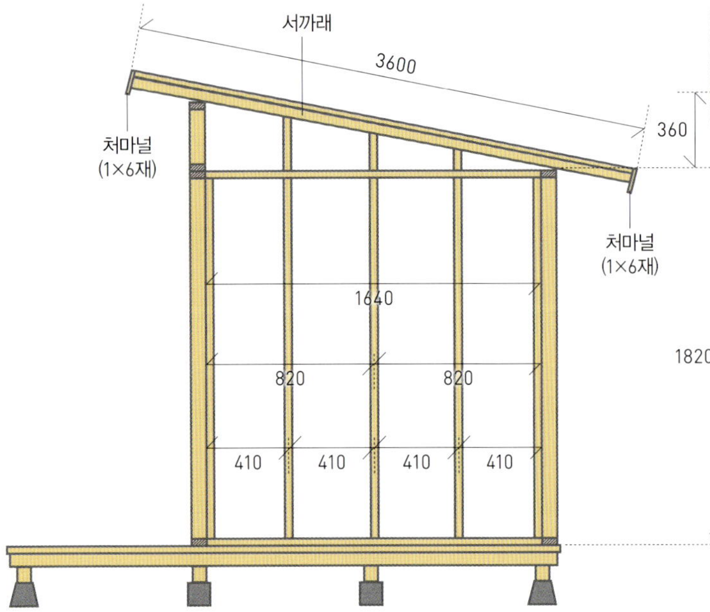

- 서까래
- 3600
- 360
- 처마널(1×6재)
- 처마널(1×6재)
- 1640
- 820, 820
- 410, 410, 410, 410

벽면 구조도 정면도
* 처마널과 12mm 합판은 생략 * 길이 단위는 mm

- 3130
- 200, 200
- 200
- 910
- 910
- 1820
- 910, 910, 910
- 2730

066

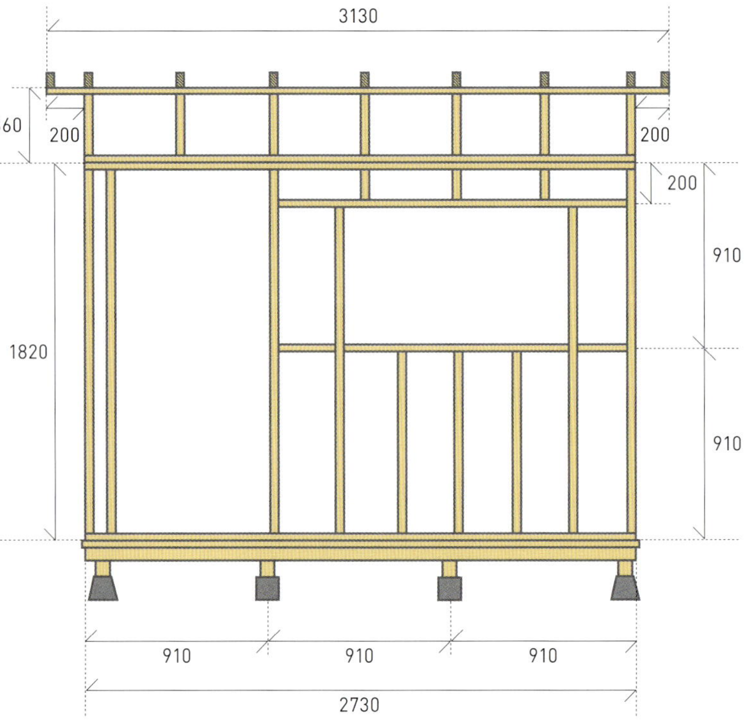

Step 2 기초, 토대, 장선

기초석을 설치하기 전에 테두리 장선을 짜 맞춘다

> 1.5평의 미니 가든 하우스 만들기

Part 2
Garden House & Shed Self-Build Manual

우선 기초석을 정확한 위치에 놓고 그 위에 동자기둥을 세워 장선을 붙이는 것이 일반적인 순서다. 단, 기초석을 정확하게 설치하려면 상당한 시간과 기술이 필요하다. 여기서는 먼저 장선의 외곽 틀을 짜고 이 외곽 틀에 맞춰서 기초석과 동자기둥을 설치하기로 했다. 이때 토대의 수평도 정확하게 맞춰야 하므로 동자기둥을 받치는 기초석의 지반에 쇄석을 깔고 탬퍼 등을 이용해 단단히 다져놓자. 일단 장선을 다 짜면 대각선 길이가 맞는지, 토대가 정확히 정사각형으로 만들어졌는지 꼼꼼하게 확인(정확하게 정사각형이나 직사각형을 만들면 두 대각선의 길이가 똑같다)한다. 혹시 조금이라도 어긋나면 나무메를 이용해 모서리 등을 쳐서 세밀하게 조정하도록 하자.

1. 2×6재(방부 처리한 것)를 사용해 2730mm×2730mm의 외곽 틀을 만들고 나사(보통나사 90mm)를 박아 접합한다. 조립 방법은 도면과 같다. **2.** 바닥 높이를 정한 다음 네 모서리에 직사각형 나무판이 붙은 기초석을 놓고 그 위에 동자기둥(짧은 기둥)을 설치한다. 이때 나무판의 방향에 주의하면서 수준기를 사용해 수평을 확실하게 맞춘다. 기둥은 장선보다 위쪽으로 튀어나오지 않도록 조심해야 한다. 외곽 틀을 정확하게 정사각형으로 만들려면 사진처럼 대각선의 길이를 맞추는 것이 중요하다. 마지막으로 나사(보통나사 90mm/75mm)를 박아 튼튼하게 고정한다.

3. 틀 안쪽의 장선을 붙인다. 화강암 갓돌을 기둥 위치에 수평으로 놓고 기둥을 장선 사이에 끼우듯이 설치해야 한다. 화강암 갓돌 대신 평평한 판재를 사용하거나 일반적인 기초석을 사용해도 되지만 여기서는 값이 좀 더 저렴한 화강암 갓돌을 사용했다. 단, 각 모서리의 기초석과 화강암 갓돌의 지반은 쇄석을 깔아 단단히 고정해 놓아야 한다. 그리고 여기에서도 기둥이 장선 위로 튀어나오지 않게 한다. 이 단계에서 덱과 미니 하우스 토대 만들기가 끝나므로 다음 단계로 넘어가기 전에 다시 한 번 대각선 길이를 맞춰보는 등 정확히 정사각형으로 만들어졌는지 확인해야 한다. 세밀한 조정은 나무메 등을 이용해 모서리를 치면 쉽게 할 수 있다.

Step 3 바닥 깔기

휘어 있는 목재를 교정해가면서 가장자리부터 빈틈없이 바닥을 깐다

미리 칠을 해둔 바닥재(2×6재)를 장선 위에 나사로 고정해서 빈틈없이 까는 작업이다. 판재가 약간 휘는 경우가 있으므로 고정할 때 노루발못뽑이 등을 사용해 교정해가면서 박도록 하자. 또한 나사머리가 고르게 보이도록 하려면 미리 초크 라인을 이용해 나사 위치를 먹매김*해두면 좋다. 거듭 강조하지만, 바닥 깔기가 끝나면 장선의 위치를 세밀하게 조정할 수 없으므로 그전에 다시 한 번 장선 틀의 대각선 길이가 맞는지 확인하자.

* 먹매김: 목재를 자를 위치나 치수를 표시하기 위해 먹칼이나 먹통 등을 이용해 목재에 선을 긋거나 표시하는 작업

1. 토대가 완성되면 곧바로 바닥을 깔고 싶은 마음이 굴뚝같을 것이다. 그래도 그전에 바닥재(2×6재)를 미리 칠해놓아야 작업하기가 편하다. 양면을 칠해도 된다. **2.** 칠이 다 마르면 토대 위에 바닥재를 배치하고 가장자리부터 나사(보통나사 65mm/75mm)를 박아 고정한다. 바닥재는 빈틈없이 깔자. 이때 나사머리가 고르게 보이도록 미리 초크 라인을 이용해 나사 위치(바닥 밑의 장선이 있는 부분)에 표시를 해둔다.

3. 간혹 바닥재가 휘어서 튀어나오는 경우가 있는데 그럴 때는 노루발못뽑이 등을 이용해 교정해가면서 작업한다. **4.** 가장자리의 절단선을 결정하고 원형톱을 사용해 한 번에 잘라낸다. 빗물이 흘러내리도록 토대보다 약간 밖으로 튀어나오게 작업해야 한다. **5.** 바닥 완성! 드디어 우드 덱을 완성했다.

Step 4 벽면 패널의 뼈대, 서까래, 착고

치수에 맞춰 자르기만 하면 정확한 패널의 뼈대를 만들 수 있다

1.5평의 미니 가든 하우스 만들기

Part 2
Garden House & Shed Self-Build Manual

도면에 나온 치수대로 2×4재를 자르고 벽면 패널의 뼈대를 짜 맞춘다. 치수가 정확히 맞는지 주의해서 자르도록 하자. 정확히 잘라야 뼈대가 바로 서고 나중에 합판을 붙일 때도 딱 맞게 포개진다. 그리고 바닥에 뼈대를 세울 때는 바닥에 직접 나사를 박아 고정한다. 나사는 90mm의 보통나사를 사용해 튼튼하게 박는다. 그다음 세운 뼈대와 이웃하는 뼈대를 확실하게 접합한다. 물론 모든 뼈대는 수직으로 세워야 한다.

벽면 패널의 뼈대를 세우고 나면 전후 면의 도리 위에 서까래를 올리고, 양 측면의 보강재나 틈새를 막는 착고를 부착한다.

1. 벽면 패널의 뼈대를 서로 맞댈 때는 뼈대 도면을 보면서 신중히 작업한다. 각각의 목재를 정확한 치수에 맞게 자르는 것이 가장 중요하다.

2. 뒤쪽 벽면의 뼈대를 바닥에 고정한다. 바닥 밑의 장선이 있는 자리에 75mm 보통나사를 박아 고정한다. 후면 위쪽의 판재는 서까래를 받치는 도리가 되므로 좌우의 폭이 약간 넓어야 한다.

3. 2와 같은 방법으로 측면 뼈대를 설치한다. 그다음에는 서로 이웃하는 후면 뼈대와 접합하는데 이때 서로 수직을 이루는지, 접합 부분이 직각인지 확인하고 정확하게 접합한다.

3-1. 패널의 뼈대는 당연히 바닥의 가장자리가 아닌 장선의 가장자리 위에 올려야 한다.

4. 3과 마찬가지로 다른 쪽 측면 뼈대를 설치한다.

5. 정면은 문과 창문의 개구부가 있어서 조립하기가 복잡하다. 도면을 보면서 신중하게 조립하자.

6. 정면 아랫부분의 뼈대를 설치한다.

7. 정면 윗부분의 뼈대를 조립한다. 서까래를 받치는 도리가 좌우로 뻗어 있다.

8. 정면 윗부분의 뼈대를 설치한다.

9. 도리 위에 서까래(2×4재)를 설치한다. 서까래의 길이는 임의로 정해도 되지만 여기서는 3600㎜로 했다.

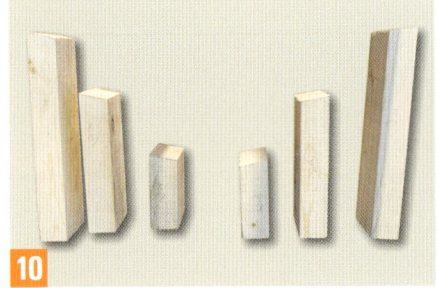

10. 측면 윗부분에 붙일 보강재(2×4재)를 각도 측정해서 먹매김하고 가공한다. 양쪽에 3개씩 필요하므로 총 6개를 준비한다.

11. 양 측면 윗부분에 보강재를 부착했다.

12. 도리 위에 서까래를 올리면 서까래와 서까래 사이에 틈이 생긴다. 그 틈 사이에 각도를 측정해 가공한 2×4재를 채워 넣는다. 이 가공한 목재를 전문용어로 '착고'라고 부른다.

13. 뼈대와 서까래 설치가 끝났다. 그러나 이 단계에서는 제대로 설치되었는지 확신할 수 없다.

Step 5 벽면 패널

합판을 붙일 때 마지막으로 패널이 수평과 수직인지 확인하는 작업은 매우 중요하다

패널 뼈대에 합판을 붙인다. 합판의 크기(910mm×1820mm)에 맞춰 뼈대를 조립해놨으므로 딱 맞을 것이다. 만약 맞지 않으면 뼈대를 정확히 세우지 않았다는 의미다. 이럴 때는 모두가 힘을 합쳐 뼈대를 밀거나 당겨서 억지로 맞춰야 한다. 양 측면의 위쪽 패널은 치수를 재고 먹매김해서 가공한다.

1. 뼈대에 두께 12mm의 합판을 붙인다(32mm~50mm 나사 사용). 합판은 910mm×1820mm 크기의 직사각형 모양이다. 그래서 도면대로 뼈대를 부착하고 수평과 수직만 맞추면 따로 가공하지 않아도 뼈대가 딱 맞는다. 만일 조금이라도 어긋난다면 합판을 가공하지 말고 힘으로 뼈대를 밀거나 당겨서 합판이 딱 들어맞게 한다. 이렇게 하면 패널을 정확히 설치할 수 있다.

2. 합판은 32mm~38mm의 나사를 박아 고정한다. 나사를 박는 위치(뼈대가 있는 부분)를 미리 먹매김해두자.

3. 창문의 개구부나 가장자리의 도리 부분은 치수를 재고 먹매김해서 미리 깎아놓는다.

4. 양 측면의 윗부분은 사진처럼 가공하는 수밖에 없다. 잘 측정해서 치수와 모양을 먹매김한 후 가공한다. 상당히 힘든 작업이지만 나중에 벽재를 붙이면 보이지 않으므로 약간 엉성하게 해도 괜찮다.

5. 합판을 다 붙인 상태. 누가 봐도 번듯한 집 모양이 잡혔다. 이 모습을 보면 집을 짓고자 하는 의욕이 불끈 솟아날 것이다.

Step 6 처마널과 박공널, 지붕

합판 위에 루핑을 깔고 지붕재를 덮는다

지붕재를 작업할 때는 폭풍우가 몰아치는 상황을 가정해야 한다. 먼저 처마널과 박공판을 설치하는데, 이때 서까래보다 합판(지붕널)의 두께만큼(12㎜) 높게 부착해야 한다(사진 2). 이렇게 하면 나중에 합판을 붙일 때 안쪽으로 딱 맞게 들어가서 합판을 고정하는 작업이 수월해진다.

합판을 붙이고 나면 루핑을 깔고 그 위에 지붕재를 덮는다. 빗물이 흐를 것을 고려해서 루핑과 지붕재의 가장자리를 겹쳐가면서 아래쪽부터 붙여야 한다. 또 지붕재는 지붕 가장자리에서 조금 튀어나오게 붙이자. 빗물이 안쪽으로 흘러들지 않게 하려면 이 작업이 반드시 필요하다.

1. 서까래의 앞뒤 단면에 처마널(1×6재)을 붙인다. 처마널의 좌우는 다음에 붙일 박공판(1×6재)의 두께(19㎜)만큼 양옆으로 튀어나오게 붙인다.
2. 이때 서까래 위에 두께 12㎜의 합판을 깔 것을 고려해서 처마널이 서까래보다 12㎜ 튀어나오게 붙인다.
3. 좌우에 박공판을 설치한다.
4. 처마널과 박공판을 붙인 모습이다.
5. 서까래 위에 두께 12㎜의 합판을 깔고 32㎜ 나사를 박아 고정한다. 이 합판은 지붕널이 되는데 합판을 딱 들어맞게 하려면 가장자리 일부를 가공해야 한다.
6. 루핑을 깐다. 타커(대형 스테이플러)를 이용해 고정한다. 아래쪽부터 깔고 가장자리는 약간 겹쳐서 깔자.

7. 지붕재(온두빌라)를 깔기 전에 서까래의 위치를 먹매김해 놓는다. 이 먹매김한 부분이 지붕재를 고정하는 나사의 위치다.

8. 지붕재는 일정한 폭을 겹쳐가면서 아래쪽에서 위쪽으로, 오른쪽(왼쪽)에서 왼쪽(오른쪽)으로 붙인다. 온두빌라는 전용 와셔*와 못도 포함해서 판매되는데 여기서는 온두빌라 전용 안전 와셔와 일반 나사를 사용했다. 온두빌라 같이 굴곡 모양의 지붕재는 보통 높은 골 위에 나사를 박는데 여기서는 서까래의 폭과 굴곡 사이의 길이가 달라서 골이 없는 부분에도 나사를 박았다. 그렇게 해도 크게 문제될 것은 없다고 판단했다.

*와셔: 볼트나 너트로 물건을 죌 때, 너트 밑에 끼우는 둥글고 얇은 쇠붙이

온두빌라는 프랑스제 지붕재로 DIY 전문점에서도 취급한다.

9. 지붕재 설치가 끝났다.

Step 7 벽 붙이기

벽재(삼나무 판) 역시 붙이기 전에 도장 작업을 하면 편리하게 비늘판벽으로 마감할 수 있다

벽재는 폭 180mm의 삼나무 판을 선택해 아래쪽에서 30mm 정도 겹쳐가면서 붙이는 방식의 '비늘판벽'으로 마감했다. 겹치는 폭을 확인하고 수평을 유지하면서 차례대로 붙이려면 두 사람이 양쪽에서 동시에 진행해야 작업 효과가 높다. 또 붙이다 보면 겹치는 부분이 발생하기 때문에 그전에 미리 도장 작업을 해야 한다. 벽재를 다 붙이고 나면 모서리에 판재를 붙여서 벽재의 단면을 가리고 전체의 외관을 보기 좋게 만든다. 여기서는 모서리에 1×6재를 사용했는데 벽재(삼나무 판)와 질감이 달라 대비 효과가 두드러져서 훨씬 느낌이 좋아졌다.

1. 벽재는 두께 12mm×폭 180mm의 삼나무 판을 선택했다. 아래쪽에서 30mm 정도 겹쳐가면서 붙이는 비늘판벽 방식이라서 판재를 붙이고 나면 빈틈없이 칠하기가 어렵다. 그래서 판재를 붙이기 전에 도장 작업을 하기로 했다. 도료는 수성 스테인(초콜릿색)을 선택했다. 붓 대신 걸레(천)로 문질러 칠하면 작업하기가 수월하다. **2.** 벽을 붙이기 시작한다. 처음에 스타터라고 불리는 폭이 좁은 판(여기서는 폭 30mm의 판)을 고정한 다음 아래쪽부터 붙여나간다. 모서리 부분도 아래쪽부터 붙인다. **3.** 첫 번째 벽재(삼나무 판)의 아래쪽을 스타터에 겹쳐서 붙인다. **4.** 그다음부터는 똑같은 방법으로 삼나무 판을 30mm씩 겹쳐가며 붙인다. 둥근못이나 보통나사를 박아 고정해도 되는데, 여기서는 65mm의 가는 나사를 사용했다. 이때 뼈대가 있는 부분 위에 나사를 박아 안에서 튀어나오지 않게 한다. 이를 위해 미리 나사 위치를 확인하고 먹매김을 해두자. **5.** 겹치는 폭이 항상 일정하도록 180mm(삼나무 판의 폭)에서 30mm(겹치는 폭)를 뺀 길이의 자투리 목재를 지그 대신 대면서 붙여나가자. 한결 작업하기 편해질 것이다.

6. 문 왼쪽의 좁은 벽도 벽재를 꼼꼼히 붙인다. 최상단의 폭이 어중간해질 것 같으면 작업 도중에 폭을 잘 안배해가면서 최대한 벽재를 가공하지 않고 끝내도록 하자. **7.** 양쪽 벽의 윗부분은 각도를 재서 삼나무 판을 가공해 붙이는 수밖에 없다. 조금 번거로운 작업이지만 힘을 내자. **8.** 직각으로 짜 맞춘 1×6재를 네 모서리에 붙여서 모서리를 깔끔하게 마감한다. **9.** 벽과 모서리의 판재 붙이기가 끝났다.

Step 8 창문, 문/완성

창문과 문은 1×6재를 나란히 붙여 간단하게 만들어도 충분하다

창문이나 문을 만드는 작업은 상당히 어렵다고 생각하는 사람이 많은데, 여기서는 1×6재를 사용하는 간단한 방법을 연구해봤다.

먼저 문과 창문의 개구부에 틀을 끼워 넣고 고정한 다음 그 틀에 맞춘 문과 창문을 만든다. 다시 말해 1×4재와 1×6재를 사용해서 간단한 패널을 만든다고 생각하면 된다. 그다음에는 조립한 패널에 경첩을 달아 고정하기만 하면 끝이다. 경첩을 달아 고정할 때는 문이나 창문을 약간 들어 올리는 것이 요령인데, 이 부분은 다른 사람에게 도움을 청하면 될 것이다. 또한 문과 창문의 크기는 개구부보다 양옆과 위아래 쪽의 길이를 10mm~15mm 정도 짧게 해야 문을 여닫기가 수월하다.

1. 문 개구부의 바닥 틀 판재를 톱으로 잘라 없앤다.

2. 문틀(2×6재)을 고정한다. 이때 양옆과 윗부분 틀만 있고 바닥 틀은 없다.

3. 창틀(2×6재)을 고정한다.

4. 틀은 65mm~75mm 나사를 박아 고정한다.

5. 여기서 문틀과 창틀, 모서리 판, 처마널을 칠했다. 색상은 바닥재와 같은 회갈색을 칠해서 외벽 색과 바꿔봤다.

6. 문은 1×6재를 세로 방향으로 배치하고 바깥쪽에 1×4재를 Z 모양으로 연결해서 만들었다. 폭은 문의 개구부보다 10mm 줄여야 해서 판재 한 장을 약간 잘랐다. 또 위아래의 폭도 개구부보다 12mm 정도 줄였다.

7. 창문을 만드는 방식은 기본적으로 문을 만드는 방식과 같다. 단, 경첩을 달 때는 1×6재를 가로 방향으로 배치하고 그 위에 1×4재를 세로로 붙인다.
8. 칠을 한 다음 경첩을 달아 문을 부착한다. 손잡이도 단다. 경첩과 손잡이는 전부 검은색의 컨트리풍 모양을 선택했다.
9. 8과 같은 방법으로 창문을 붙인다.
10. 문 버팀쇠를 달았다.
11. 창문에도 버팀쇠를 달았다.
12. 창문 바깥쪽에 카운터(1×10재)를 설치했다. 또 자투리 목재를 이용해 간단한 스툴을 만들어봤다.
13. 나중에 빗물이 흐를 것을 고려해서 지붕 가장자리에 온두빌라 전용 용마루를 덮었다.

다양한 용도로 사용할 수 있는
여가 활동 장소가 생겼다

1.5평의
미니 가든 하우스 만들기

Part 2
Garden House & Shed Self-Build Manual

완성된 가든 하우스는 창문과 카운터, 우드 덱이 있어서 다양한 용도로 사용할 수 있다. 특히 정원에서 즐기는 여가 활동의 거점으로 딱 어울린다. 조금 더 욕심을 내서 여름 햇살을 피할 수 있게 퍼걸러*를 추가로 설치한다면 더욱 훌륭해질 것이다. 또 조명 설비를 달면 게스트 하우스나 키즈 하우스로 쉽게 이용할 수 있을 것 같다. 아니면 바 카운터를 이용해 정원에서 주말 바라도 열어보는 것은 어떨까?

* **퍼걸러**: 덩굴시렁. 정원에 덩굴 식물이 타고 올라가도록 만들어 놓은 아치형 구조물

1. 옆에서 보면 지붕이 한쪽으로만 경사진 것을 확인할 수 있다. **2.** 실내에는 선반이나 수납장 등을 달면 사용이 편리해진다.

완성!

3. 정원 한구석의 죽은 공간이 여가를 즐겁게 보낼 수 있는 무대로 바뀌었다. 이것으로 미니 하우스 완성!

Part 2
Garden House & Shed Self-Build Manual

비용이 저렴하고 시공이 간단해서 DIY에 적합하다!
집 벽을 이용한 정원 창고 만들기

거주하는 햇수가 쌓일수록 어느새 대형 용품도 함께 늘어간다.
자전거나 캠핑 용품 같은 물건은 집안에 두자니 좀 곤란하고 그렇다고 과감히 버릴 수도 없다.
그런 이유로 많은 가정에서 '정원 창고'를 효율적으로 활용한다.
최대한 크게 만들면 좋겠지만, 부지의 사정도 있어서 마음처럼 쉽지가 않다.
이런 고민이 있는 가정에 집 뒤쪽의 협소한 공간을 활용하는
'집 벽을 이용한 창고 만들기'를 제안한다!

시공 ◎다모가미 가즈히코, 《두패》 편집부
사진 ◎이세 가즈토, 모가키 가쓰미, 《두패》 편집부
일러스트 ◎마루야마 다카히로

Step 1 계획과 준비

집 벽과 접합할 때는
도리목(2×6재)을 벽에 직접 고정한다

모델이 된 집은 외벽에 사이딩을 사용한 전형적인 분양 주택으로 도로 쪽 주차장부터 집까지 일정하게 흙을 쌓아 계단처럼 올라가게 되어 있다. 이번 시공 계획은 집 벽을 이용해서 집 뒤쪽의 협소한 장소에 1.5평 정도의 다목적 창고를 만드는 것이다. 집 벽을 이용하면 자재비를 절약할 수 있고, 또 집 벽의 사이딩과 옆쪽의 담장을 기준으로 하면 훨씬 쉽게 수평과 수직을 맞출 수 있다. 요컨대 일반적인 창고 만들기보다 간편한 방법으로 대형 창고를 만드는 것이 가능하다.

이 창고는 개구부가 하나밖에 없다. 그래서 자전거가 출입할 수 있는 대형 문을 설치하려고 하는데 만약 여유가 있으면 작은 창문을 만들어도 좋다. 집 뒤쪽에 뒷문이 있는 경우 창고로 직접 출입할 수 있도록 연결하는 것도 재미가 쏠쏠하다.

이 작업에서는 '어떤 식으로 집 벽과 창고를 접합하느냐'가 가장 중요하다. 접합은 집 벽(사이딩)에 도리목(2×6재)을 나사로 고정해 처리했다. 그런 다음 서까래에 지붕재(굴곡판재)를 깔고 빗물이 스며들지 않도록 집 벽과 지붕재 사이에 코킹제를 발라 누수를 방지했다. 창고 벽은 안쪽 뼈대에 합판을 붙이지 않고 삼나무 판만 비늘판벽 방식으로 겹쳐 붙였다. 이렇게 하면 겨울에는 춥고 여름에는 덥겠지만, 최소한 창고 역할을 다할 것이다. 물론 나중에 단열재나 내벽재를 보강해서 붙일 수 있으니 안심해도 된다.

* **샛기둥**: 간주. 기둥과 기둥 사이가 너무 멀어서 칸막이벽을 치거나 벽 바탕재를 건너 댈 수 없을 때 기둥 사이에 세우는 가는 기둥

작업 순서

기초 → 토대 → 바닥 깔기 → 기둥, 도리 → 서까래, 샛기둥* → 지붕 덮기 → 외벽, 박공널 → 문 → 도장 작업

준비한 자재 일람표

자재	수량	가격(참고)	용도
2×4재(8ft)	19개	약 6만 원	서까래, 샛기둥 등에 사용
2×6재(12ft)	1개	약 1만 원	집 쪽의 도리로 사용
1×4재(8ft)	7개	약 2만 원	문 등에 사용
1×6재(8ft)	10개	약 6만 원	문, 모서리 장식판 등에 사용
1×6재(12ft)	2개	약 2만 원	박공널, 문 등에 사용
90mm×90mm 삼나무 각재(방부 처리한 것 4000mm)	5개	약 10만 원	토대, 멍에* 에 사용
90mm×90mm 삼나무 각재(4000mm)	3개	약 6만 원	도리, 기둥에 사용
90mm×90mm 삼나무 각재(3000mm)	4개	약 5만 원	도리, 기둥에 사용
삼나무 판(12mm×180mm×1820mm)	7묶음(70장)	약 14만 원	외벽재로 사용
반자틀*(적송 30mm×40mm×4000mm)	1묶음(12장)	약 5만 원	임시 고정용, 규준틀* 작업 등에 사용
침엽수 합판(12mm×910mm×1820mm)	4장	약 4만 5000원	지붕 바탕에 사용
침엽수 합판(24mm×910mm×1820mm)	3장	약 9만 원	바닥에 사용
갈바륨* 강판(2120mm×650mm)	6장	약 8만 원	지붕용
갈바륨 소재의 플래싱*(길이 1800mm)	2장	약 1만 원	지붕용
21kg 루핑(방수시트)	적당량		지붕용
화강암 갓돌(120mm×150mm×150mm)	8개	약 2만 원	기초석에 사용
벽돌(50mm×230mm×115mm)	3개	약 4000원	기초석에 사용
시멘트(25kg)	2봉지	약 1만 원	기초 만들 때 사용
자갈(20kg)	3봉지	약 6000원	기초 만들 때 사용
경첩	1쌍	약 6000원	웨스턴 경첩, 문에 사용
걸쇠	1쌍	약 4000원	문에 사용
둥근못 50mm/75mm, 보통나사 38mm/65mm/75mm, 스테인리스 우산머리 못 38mm, 스테인리스 나사못 32mm, 꺾쇠			적당량

* **멍에**: 장선을 받치는 가로대
* **반자틀**: 천장을 막기 위하여 짜 만든 틀
* **규준틀**: 건물의 위치와 높이, 땅파기의 너비와 깊이 등을 표시하기 위한 가설물
* **갈바륨**: 알루미늄과 아연을 혼합하여 도금한 제품
* **플래싱**(flashing): 건물 안으로 빗물의 침입을 방지하기 위해 지붕과 벽 사이에 이어 붙이는 금속 마감재

주로 사용한 공구류

전동공구	원형톱, 임팩트 드라이버(드릴 비트와 드라이버 비트)
수공구	톱, 쇠망치, 클램프, 타커, 커터, 삽, 탬퍼
계측 도구	줄자, 초크 라인, 수준기, 곱자, 직각자, 수평실*
도장 도구	붓, 페인트 페일통, 비닐장갑
기타	발판 사다리(2개 이상), 코드 릴

* **수평실**: 수평의 긴 직선을 긋는 경우나 측정 기준 위치를 유지하고자 할 때 사용하는 실

시공 전의 현장 모습. 집 뒤쪽의 L자형 부지에 창고를 만들 예정이다. 외부 전원이 있어서 창고 안에서 사용할 수 있을 것 같다.

Step 2 기초

기초석은 화강암 갓돌과 벽돌이면 충분하다

> 집 벽을 이용한 정원 창고 만들기

Part 2
Garden House & Shed Self-Build Manual

값이 저렴한 화강암 갓돌(1개 약 1800원)을 기초석으로 사용해서 미리 계획한 위치에 수평으로 설치한다. 단, 집 둘레에 있는 기존의 콘크리트 부분(둑턱*)은 기초석 대신 벽돌을 사용했다. 최종적으로 지면에 설치하는 화강암 갓돌 8개와 기존의 콘크리트에 설치하는 벽돌 4개, 총 12개의 기초석을 설치했다.

먼저 지면을 조금 파서 자갈을 깔고 탬퍼(또는 침목 등의 무거운 판재)를 이용해 잘 다진 다음 그 위에 기초석(화강암 갓돌)을 놓는다. 이때 콘크리트 위에 설치하는 벽돌의 윗면과 수평을 이뤄야 한다. 어렵겠지만 수준기나 수평실을 사용하는 등 여러 가지 방법을 써서 똑같이 맞추도록 한다. 여기서는 집 벽의 사이딩의 줄눈과 옆쪽에 있는 기존의 담장 등에 맞춰 수평선을 확인하고 이를 기준으로 위치를 결정했다.

순서는 다음과 같다. 먼저 사이딩의 줄눈에 맞춰 집 벽에 수평으로 곧은 판재(1×4재 등)를 붙인다. 이것을 기준 삼아 같은 높이에서 창고 시공 위치 주위에 판재를 빙 둘러친다. 또 이 판재에 수평실을 감고 기초석을 설치한 위치에 맞춰 수평실을 둘러친다. 이 작업을 이른바 '규준틀' 세우기라고 한다. 그런 다음 이 수평실에 맞춰 기초석을 설치한다. 구멍 파기 → 자갈 깔기 → 탬퍼로 다지기 → 시멘트 깔기 → 기초석을 올려서 수평과 높이 위치 확인하기 → 위치를 확정하면 물을 뿌려 굳히기의 순으로 작업한다. 기초석 설치가 끝나면 규준틀은 철거한다.

*둑턱: 건물 외주벽을 따라 지반 위에 둔 바닥 다짐, 콘크리트제 등의 평탄한 부분

1. 지면에서 40㎝ 정도 떨어진 부분에 있는 집 벽 사이딩의 줄눈에 맞춰서 직선 목재(1×4재)를 고정한다. 이렇게 하면 수평으로 붙인 목재가 생긴다. 사이딩을 잘 보면 못 자국이 있으므로 이것을 참고해서 토대가 있는 부분을 확인하고 나사를 박아 고정하면 된다.

2. 집 벽에 수평으로 고정한 목재에 맞춰서 시공 위치 주위에 판재를 빙 둘러친다. 판재는 클램프나 말뚝 등을 이용해 붙인다. 이 과정을 '규준틀' 세우기라고 한다. 수평실을 판재에 감고 기초석 위치에 맞춰서 수평으로 잡아당긴다.

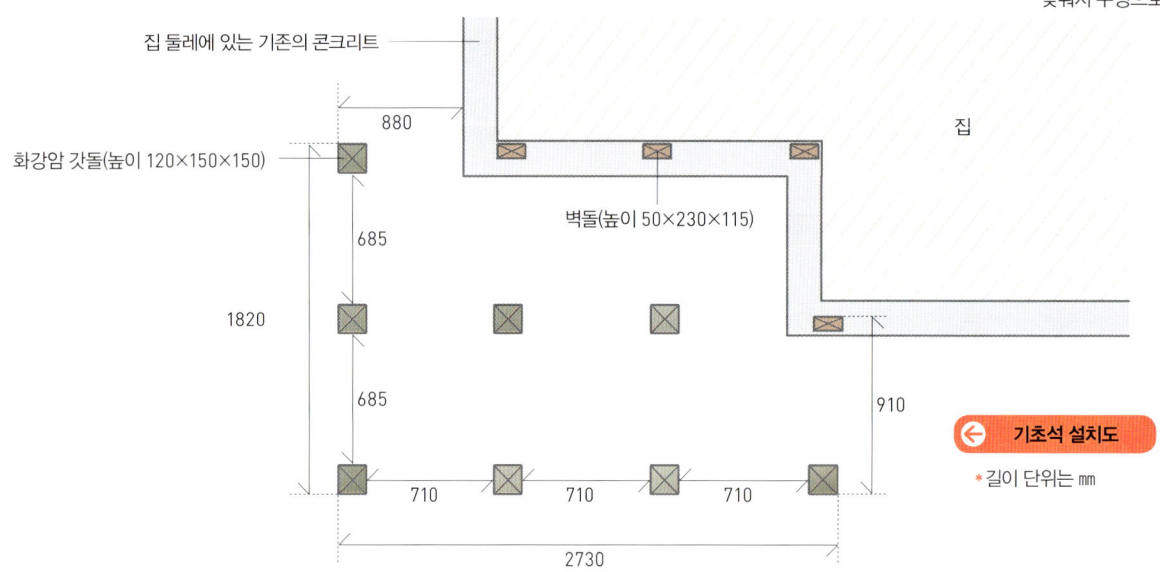

기초석 설치도
* 길이 단위는 mm

3. 기초석 위치가 정해지면 구멍을 파고 자갈을 넣는다. 기초석의 최종 높이를 어느 정도 예측하면서 파야 한다. 자갈 두께는 20㎜~30㎜ 정도이다.
4. 탬퍼를 이용해 단단히 다진다.

5. 시멘트를 충분히 넣는다.
6. 기초석(화강암 갓돌)을 놓는다. 모든 기초석의 높이가 수평이 되도록 맞춰야 하므로 수평실의 거리를 확인하면서 작업한다. 세밀한 조정은 시멘트의 양을 조절해가면서 확인하면 된다. 이 위에 직접 토대를 올리기 때문에 반드시 정확하게 작업해야 한다. 충분한 시간을 들여 신중하게 작업하자.
7. 콘크리트 위에 놓은 벽돌도 화강암 갓돌과 높이를 맞춘다. 이 역시 벽돌 밑에 시멘트를 깔아 세밀하게 조정한다.

8. 모든 기초석의 위치가 정해지면 물에 적신 걸레를 짜거나 해서 기초석 주위가 물에 잠기게 한다.
9. 기초석 주위의 흙을 다시 잘 메운다. 이렇게 해서 24시간이 지나면 기초석 설치가 완료된다.
10. 기초석을 설치한 상태. 집 주위의 콘크리트 부분에는 벽돌만 올려놓았다. 벽돌과 화강암 갓돌의 윗면은 수평을 이뤄야 한다.

Step 3 토대, 멍에, 바닥 깔기

방부 처리한 삼나무 판을 이용해
토대와 멍에를 설치하고 바닥에는 24mm 합판을 깐다

기초석 위에 토대와 멍에를 올리고 두께 24mm의 침엽수 합판을 깐다. 토대와 멍에는 방부 처리한 90mm×90mm 크기의 삼나무 각재를 사용했다. 기초석 위에 직접 놓고 토대와 토대, 멍에와 토대를 접합하는데 전부 나사(보통나사 74mm)를 이용해 맞대어 접합하고 곳곳에 비스듬히 박는다.

토대와 멍에를 설치하고 나면 두께 24mm의 침엽수 합판을 깐다. 이때 각 모서리를 90mm×90mm 크기로 깎아낸다. 나중에 각 모서리에 90mm×90mm의 삼나무 각재를 세울 때 한층 튼튼하게 고정하기 위해서다. 번거로우면 깎지 말고 합판 위에 기둥을 세워도 상관없다.

1. 계획 도면에 맞춰서 토대와 멍에를 설치한다. 전부 나사(보통나사 75mm)를 박아 맞대어 접합했는데 비스듬히 박아야 하는 부분도 많다. 방부 처리한 삼나무 판을 사용했다.

2. 판재를 계획한 치수대로 잘라두면 정확하게 직사각형이 될 것이다. 사진은 대각선 길이를 확인하여 직사각형이 정확하게 만들어졌는지 살펴보는 모습이다.

3. 토대 위에 두께 24mm의 침엽수 합판을 붙인다.

4. 기둥을 세우는 모서리 부분은 90mm×90mm 크기로 깎았다. 모서리를 깎지 않고 합판 위에 기둥을 그대로 올려도 상관없다.

5. 토대와 멍에 위에 바닥을 깐 상태. 바닥재는 두께 24mm의 침엽수 합판 3장을 사용했다.

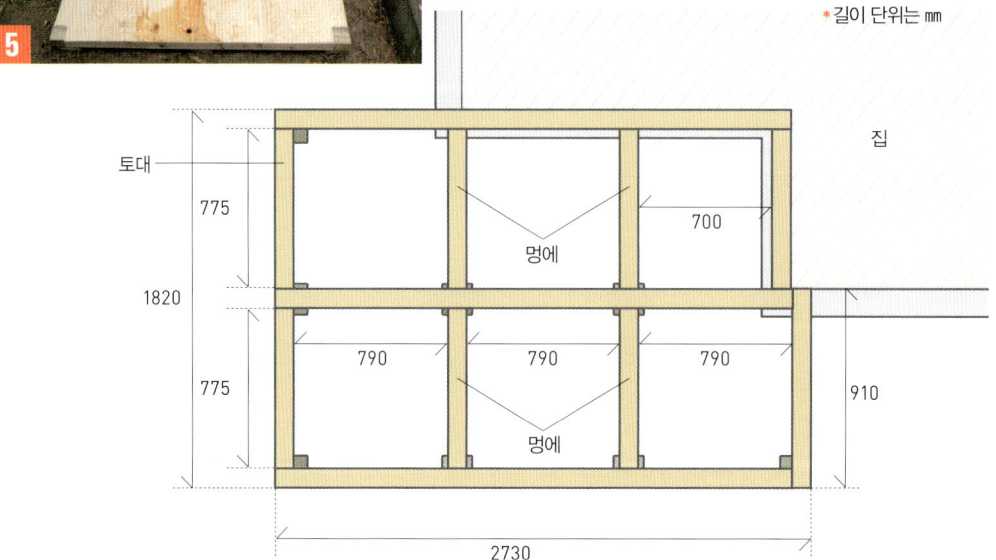

← 토대와 멍에 평면도
*길이 단위는 mm

Step 4 기둥, 도리

접합은 빈틈없이 하고
요소요소에 꺾쇠도 사용한다

90mm×90mm의 삼나무 각재를 사용해 도면과 같이 기둥과 도리를 조립한다. 단, 집 쪽의 도리는 2×6재를 사용했다. 나중에 이 목재 위에서 서까래(2×4재)를 올릴 예정이다. 단순히 위에 올려도 되지만 여기서는 서까래를 끼울 수 있게 2×4재의 단면 크기에 맞춰서 깎아냈다. 또 집 쪽의 도리(2×6재)를 받치는 두 기둥의 윗부분도 2×6재의 단면 크기에 맞춰서 깎아냈다. 각 부분은 기본적으로 나사(보통나사 75mm)를 박아 맞대어 접합했는데 요소요소에 꺾쇠를 사용해 보강했다.

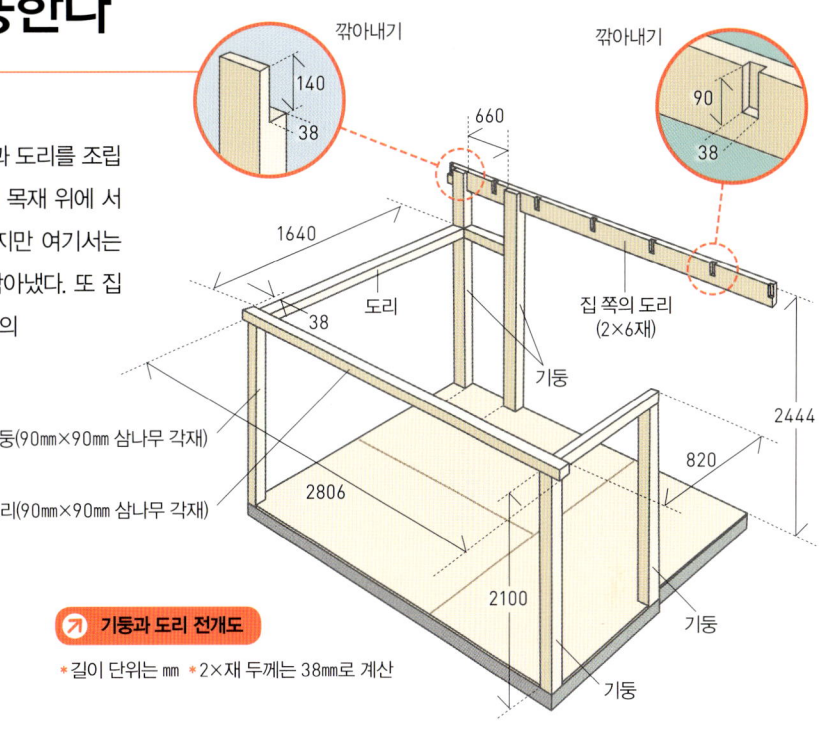

기둥과 도리 전개도

* 길이 단위는 mm * 2×4재 두께는 38mm로 계산

1. 기둥을 세우고 나사를 바닥에 비스듬히 박아 고정한다. 총 5개의 기둥을 세운다.

2. 기둥과 토대는 꺾쇠를 이용해 접합부를 보강해둔다.

3. 문 쪽의 도리를 설치했다. 왼쪽의 도리는 나중에 올릴 서까래의 두께만큼 튀어나오게 한다.

4. 집 쪽 기둥에 도리를 설치하고 비스듬히 박아 고정한다. 집 쪽의 두 기둥을 보면 2×6재 도리를 받치기 위해 윗부분을 깎아놓은 것을 확인할 수 있다.

5. 집 쪽의 도리(2×6재)를 설치한다. 서까래를 받칠 자리는 미리 깎아놓았다. 65mm의 보통나사를 이용해 집 벽에 부착한다. 사이딩을 잘 살펴보면 못 머리 자리가 보이므로 샛기둥 위치를 확인할 수 있다. 이 위치에 나사를 박는다.

집 쪽 도리의 가장자리도 서까래의 두께만큼 튀어나왔다. 이 부분도 보면 서까래를 받칠 자리를 깎아놓았다.

기둥 위에 도리를 올리고 나사를 비스듬히 박아 접합한다. 이 부분은 나중에 설치할 서까래(2×4재)의 두께만큼(38mm) 튀어나오게 한다.

6. 기둥과 도리를 설치한 상태. 비스듬히 놓은 목재는 임시 고정용으로 지붕을 설치하면 철거한다. 임시 고정용 목재는 각각의 기둥이 수직과 수평을 유지한 상태에서 고정해야 한다. 이 작업 역시 매우 중요하다.

Step 5 서까래, 샛기둥

도리에 얹은 서까래 끝 부분은
각도를 측정해서 비스듬히 자른다

서까래는 2×4재를 사용했는데 도리 위에 올라가는 서까래는 집 쪽 가장자리의 각도를 재서 비스듬히 잘랐다(약 12도). 길이는 2060mm(긴 쪽)로 설정해서 긴 서까래 7개와 문 쪽의 짧은 서까래 1개(1120mm)를 준비했다. 긴 서까래 7개는 집 쪽의 도리와 반대쪽 도리에 올려 접합한다.

또 집 쪽의 짧은 서까래는 집 벽에 짧은 도리를 새로 설치해(사진 참조) 그 위에 올리기로 한다.

샛기둥(2×4재)은 서까래와 같은 간격으로 설치하는데 대부분 나사(보통나사 75mm)를 비스듬히 박아 고정한다.

1. 집 쪽 도리 위에 서까래를 설치한다.

2. 반대쪽 도리에 서까래를 올리고 고정한다. 65mm 보통 나사를 비스듬히 박는다.

3. 서까래 위치에 맞춰 정면의 긴 샛기둥을 고정한다. 이것도 나사(보통나사 65mm)를 비스듬히 박아 고정한다.

새로 고정한 깔도리와 짧은 서까래

4. 문 쪽의 뼈대. 짧은 샛기둥을 넣는다. 사진 바로 위에 보이는 서까래의 길이가 짧은데 이 서까래는 오른쪽 위에 보이는 새로 고정한 깔도리 위에 올려 설치했다.

5. 서까래와 샛기둥을 설치한 상태. 정면의 샛기둥 간격은 서까래와 동일하다. 양옆의 샛기둥은 균일한 간격을 두고 설치했다.

Step 6 지붕 덮기

갈바륨 소재의 강판과 플래싱을 깔고
그 위에 코킹제를 발라서 비가 와도 끄떡없다

서까래 위에 두께 12㎜의 침엽수 합판을 붙이고 그 위에 루핑을 깐 다음 갈바륨 강판을 덮는다. 이로써 지붕 덮기가 끝난다면 편하겠지만, 반드시 집 벽 사이에 생긴 틈새를 막아 누수를 방지해야 한다. 우선 집 벽 쪽에 갈바륨 소재의 플래싱을 부착하고 벽과 플래싱 사이에 코킹제를 바른다. 본래 플래싱은 덧문 틀이나 토대 위에 빗물이 돌게 해서 물을 차단하기 위한 자재인데 이번에는 집 벽과 지붕이 닿는 부분에 사용해봤다. 이 플래싱은 대형 DIY 전문점에서 취급한다.

1. 서까래 위에 두께 12㎜의 합판을 붙이고 50㎜의 둥근못을 서까래에 박아 고정한다. 합판 크기는 서까래의 폭과 길이에 맞춰서 자른다. 여기서는 총 4장의 합판을 사용했으나 조금 남았다.
2. 루핑을 깐다. 타커를 사용해 재빨리 고정한다.
3. 준비한 지붕재. 여기서는 갈바륨 소재의 강판과 '플래싱'을 준비했다. 왼쪽에 있는 두 재료가 '플래싱'이다.
4. 2120㎜×650㎜의 갈바륨 강판 6장을 사용했는데 일부는 지붕의 모양과 크기에 맞춰서 잘라야 했다. 쇠가위를 사용하면 똑바로 자르기가 어려워서 커터를 사용했는데 커터 역시 여러 번 그어야 한다.
5. 갈바륨 강판은 스테인리스 우산머리 못을 박아 고정한다. 서까래 위치가 바로 못을 박는 자리다. 우산머리 못은 골이 높은 부분에 박아 고정하자.
6. 갈바륨 강판은 가장자리의 골을 두 개 정도 겹쳐서 까는데, 처마 부분은 빗물이 흐를 것을 고려해서 30㎜ 정도 튀어나오게 한다.

7. 지붕재 덮기가 끝났다. 아직 플래싱을 설치하지 않은 상태다.

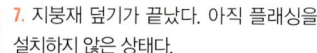

8. 플래싱에 코킹제를 듬뿍 발라 부착한다.
9. 집 벽과 지붕재의 연결 부위에 플래싱을 붙인다. 집 벽에는 스테인리스 나사못(32㎜)을 사용해 접합했다.
10. 플래싱과 벽 사이는 코킹제를 듬뿍 발라 누수를 방지했다.

Step 7 외벽과 모서리 장식, 박공널, 착고

삼나무 판을 이용해 비늘판벽으로 마감해서 외벽에 편안한 느낌을 준다

외벽은 삼나무 판(폭 180mm)을 가로 대어 비늘판벽으로 붙인다. 맨 밑에 폭이 좁은 판(스타터)을 부착하고 그 위에 삼나무 판을 붙이기 시작한다. 위쪽의 경사진 부분과 도리가 튀어나온 부분은 치수를 재서 깎아낸 뒤 판재를 붙인다. 모서리 부분은 1×재를 직각으로 짜 맞춰 삼나무 판의 단면을 감추듯이 붙여 장식한다. 벽을 다 붙이고 나면 집 쪽을 제외한 각 면의 박공판(1×6재)을 붙인다.

1. 벽을 붙이기 전에 먼저 서까래와 서까래 사이의 틈새를 메워 놓는다(2×4재). 이때 사용하는 판재를 전문용어로 '착고'라고 한다.

2. 벽을 붙이기 시작한다. 우선 맨 밑에 폭 30mm로 자른 삼나무 판을 붙인다.

3. 2의 위에 삼나무 판(폭 180mm)의 아래쪽 가장자리를 겹쳐서 붙인다.

4. 3의 위에 삼나무 판을 30mm 정도 겹쳐서 붙인다. 삼나무 판의 폭(180mm)에서 겹치는 부분(30mm)을 뺀 150mm 길이의 자투리 목재를 대고 붙이면 겹치는 폭이 일정해진다. 샛기둥이 있는 위치에 75mm 둥근못을 박아 접합한다.

5. 벽의 윗부분은 각도를 재서 비스듬히 자르거나 깎아낸 삼나무 판을 붙인다.

6. 측면 벽을 사진과 같은 방식으로 붙였다. 다른 면도 이와 같은 방법을 사용하자.

7. 모서리는 직각으로 짜 맞춘 1×재 2장을 삼나무 판의 단면이 보이지 않도록 붙여서 장식한다. 이때 다음에 붙일 박공판이 딱 들어가게 모서리 윗부분을 깎아놓는다.
8. 박공판을 설치한다(측면). 모서리 판재 윗부분을 박공판에 맞춰서 깎아놓은 것이 보인다.
9. 정면의 박공판은 서까래 단면에 부착한다.

집 벽을 이용한 정원 창고 만들기

Part 2
Garden House & Shed Self-Build Manual

10. 문 쪽의 모서리 판은 문틀을 겸하므로 문의 개구부보다 10mm 정도 옮겨 붙인다. 이로써 문 버팀쇠 자리를 확보했다. 이와 동시에 다른 문틀(1×4재)도 부착한다. 이 사진에서는 아직 문 위쪽의 벽을 덜 붙인 상태다.
11. 문 쪽의 벽을 다 붙인 모습이다.
12. 삼나무 판을 이용한 비늘판벽이 완성된 상태. 박공판과 모서리 판도 붙어 있다.

Step 8 문 부착

1×재를 간단하게 짜 맞춘 문만 달아도 충분하다

문은 1×6재를 세로로 배치하고 그 위에 1×4를 가로로 대어 접합해서 심플하게 만들었다. 크기는 실제 개구부의 치수에 맞춰야 실패하지 않는다. 단, 문의 폭과 위아래의 길이를 실제 개구부보다 10㎜ 정도 작게 한다. 폭은 1×6재를 길게 잘라서 가늘게 만든 것이다.

걸쇠도 달았다.

문의 바깥쪽. 1×6재 6장을 심플하게 붙이기만 했다.

문의 안쪽. 세로로 배치한 판재 위에 가로목(1×4재) 3장을 대고 접합했다.

문을 개구부에 부착하는 모습. 시중에 판매하는 경첩을 사용해 부착했다.

문을 부착한 상태. 문이 매끄럽게 여닫히려면 위아래와 양옆에 5㎜ 정도의 틈이 있어야 한다. 그래서 문은 위아래와 양옆의 길이를 개구부보다 10㎜ 정도씩 작게 한다.

Step 9 도장과 마감 작업/완성

가능하면 판재를 짜 맞추기 전에 도장 작업을 하는 것이 가장 좋다

도장은 보통 마지막 작업에 속하지만 경우에 따라 다르다. 여기서는 편집상 마지막 작업이라고 했는데 판재를 다 조립하고 나면 칠하기 어려운 부분이 있다. 경첩을 붙이기 전의 문, 박공판에 가려진 외벽, 작업할 때 발 디딜 곳이 마땅치 않은 곳 등을 예로 들 수 있는데 이런 부분은 조립 전에 도장 작업을 하는 것이 좋다.

1. 집 벽 부분은 벽에 마스킹* 작업을 한 후에 칠을 해야 한다. 이 과정이 귀찮다면 판재를 조립하기 전에 미리 칠해두는 편이 좋다.
2. 도장 작업이 끝난 상태. 똑같은 도료를 사용했지만, 삼나무 판과 1×재의 도장 효과가 서로 다르게 나타나서 외관에 변화를 줬다.

* **마스킹**: 도장하지 않은 부분에 도료가 묻지 않도록 예방하기 위해 그 부분을 종이나 테이프로 덮는 것

죽은 공간을 효율적으로 이용함으로써
뿌듯한 기분을 만끽한다!

Part 2
Garden House & Shed Self-Build Manual

이번 시공은 남자 셋이서 이틀 반나절이 걸렸다. 작업 시간이 짧은 것을 생각하면 DIY의 경우라도 남자 둘이서 나흘이면 충분하다. 또 자재 비용은 어림잡아 80~90만 원 정도 들었다. 1.5평이니까 평당 56만 원 정도가 들었다고 보면 된다. 여기서는 미니 공방으로도 충분히 이용할 수 있는 넓이의 창고를 만들었는데 현장 상황에 따라 더 간편한 방법으로 만드는 것도 가능하다. 너무 어렵게 생각하지 말고 집에 딸린 '지붕과 울타리가 있는 덱'을 만든다는 마음으로 시공하면 좋을 것이다.

남은 목재로 선반을 만들어봤다.

옆에서 보면 지붕이 한쪽으로만 경사진 것을 확인할 수 있다.

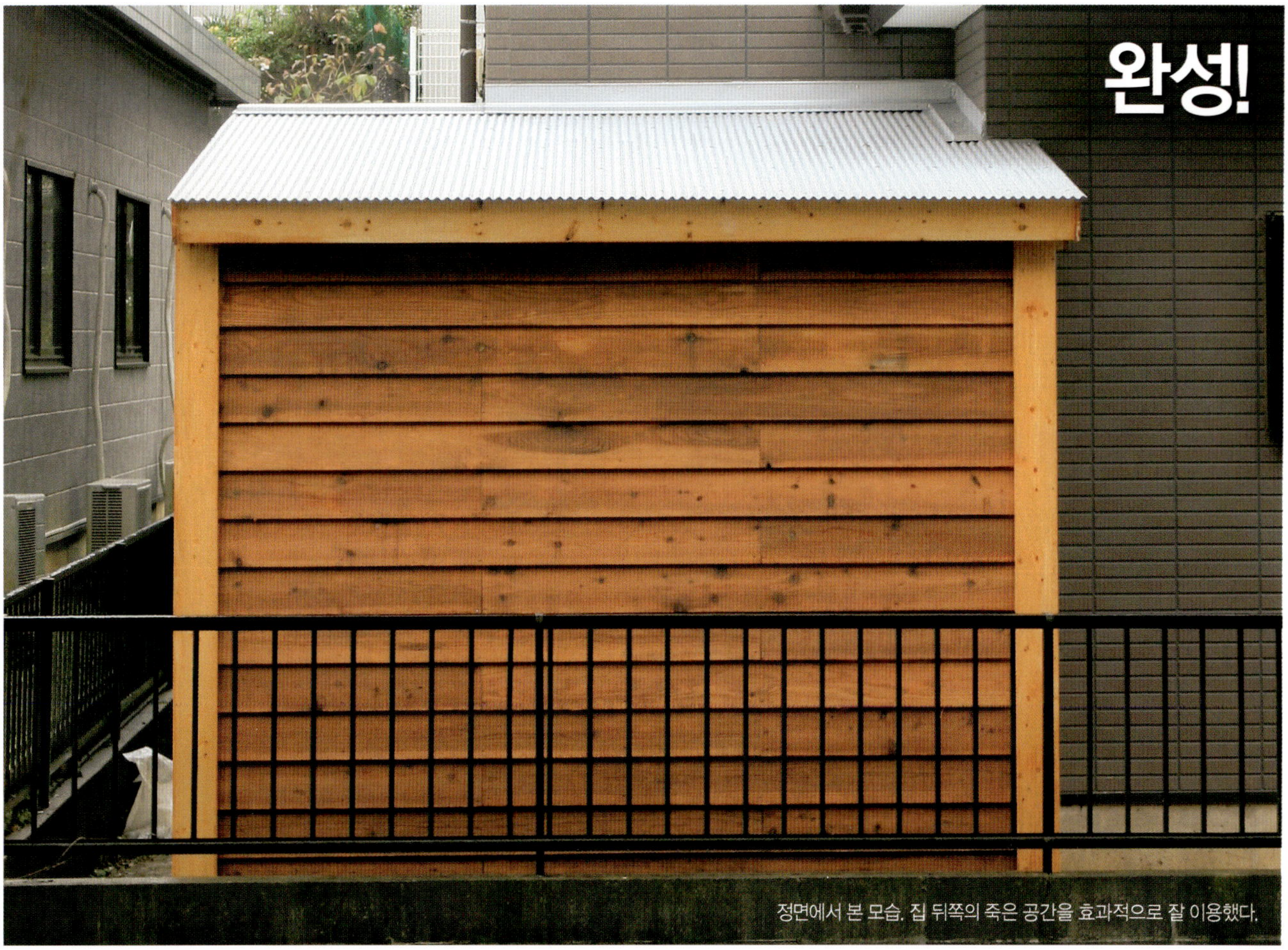

정면에서 본 모습. 집 뒤쪽의 죽은 공간을 효과적으로 잘 이용했다.

2×4 공법을 이용해 마음껏 수납할 수 있는 창고를 만든다
오두막풍의 창고 만들기

바닥 면적이 딱 합판 한 장 크기인 오두막을 만들어 마음껏 수납할 수 있는 창고로 이용한다. 여기에서도 2×4 공법을 사용해서 최대한 간단하게 조립했다. 창고로 쓰기에는 충분한 크기지만 오두막치고는 작은 크기라 적은 인원이 단기간에 제작할 수 있다.
시공 ⓒ시라이 다다시, 〈두파!〉 편집부

Part 2
Garden House & Shed Self-Build Manual

Step 1 계획과 준비

벽은 삼나무 판이나 합판 한 장을 깔아 간략하게 만든다

여기서는 높이 약 2300mm, 개구부 약 1800mm, 안길이 약 900mm 크기의 수납 능력이 뛰어난 창고를 만들었다. 직사각형 나무판이 붙은 기초석에 바닥 패널을 고정하고 그 위에 벽 패널을 세워 배치하는 2×4 공법을 활용했다. 단, 창고라서 벽은 삼나무 판이나 합판 한 장만 까는 구조로 간략하게 만들었다. 또 한쪽으로만 경사진 지붕을 최대한 쉽게 만들고 싶어서 일단 앞뒤의 높이를 똑같이 짜 맞춘 다음, 위쪽에 비스듬히 만든 작은 뼈대를 올리는 방법을 채택했다.

디자인에서 신경을 쓴 점은 두 가지다. 한 가지는 좌우의 폭이 다른 쌍여닫이인데 비대칭이라 재미를 준다. 기능 면에서도 폭이 좁은 쪽 문의 위아래에 빗장걸쇠를 달아서 평소에는 고정한 채로 두고 폭이 넓은 쪽 문만 여닫게 했다. 큰 물건을 수납할 때만 양 문을 여는 식으로 하면 사용하기가 편리하다.

다른 한 가지는 측면과 후면의 벽에 삼나무 판을 가로로 대어 비늘판벽으로 마감하고 전면만 침엽수 합판을 붙여 변화를 준 것이다. 색을 나눠 칠하면 판재의 차이가 두드러져서 훨씬 개성이 묻어난다. 특히 합판은 꼼꼼히 상태를 확인하고 흠집이 보이면 바로 다시 칠해서 내수성을 유지해야 한다.

전체적으로 창고의 크기가 커서 혼자서는 작업하기 힘들지만, 구조가 단순하고 특별히 어려운 기술도 필요하지 않아 초보자도 충분히 제작할 수 있는 작품이다.

작업 순서

1. 기초, 바닥
2. 벽 패널 틀
3. 지붕 뼈대
4. 지붕널과 벽 붙이기
5. 문 만들기
6. 문과 트리밍(테두리 장식) 부착
7. 지붕 덮기
8. 도장 작업

주로 사용한 공구류

전동공구	원형톱, 임팩트 드라이버(드라이버 비트, 지름 10mm 드릴 비트)
수공구	쇠망치, 톱, 타커, 커터
계측 도구	줄자, 곱자, 직각자, 수준기
기타	발판 사다리

준비한 자재 일람표

*가격은 참고 가격입니다.

자재	수량	가격	용도
2×4재(12ft)	2개	약 8000원	방부 처리된 것
2×4재(12ft)	15개	약 6만 원	뼈대 전체, 문틀에 사용
1×4재(6ft)	2개	약 3000원	트리밍에 사용
1×4재(8ft)	8개	약 2만 원	트리밍에 사용
나왕 합판(12mm×910mm×1820mm)	1	약 1만 원	바닥에 사용
침엽수 합판(9mm×910mm×1820mm)	3장	약 3만 원	벽, 문에 사용
삼나무 판(12mm×180mm×1820mm)	4묶음(40장)	약 8만 원	지붕널, 벽에 사용
삼나무 기와 살(18mm×18mm×1820mm)	6개	약 6000원	문의 띳장에 사용
온두빌라 타일(400mm×1060mm)	8장	약 7만 원	지붕용
루핑(21kg)/1m×4m 정도		약 7000원	시붕용
직사각형 나무판이 붙은 기초석	4개	약 3만 원	기초석에 사용
경첩(100mm/210mm)	3개씩	약 1만 원	문에 사용
빗장걸쇠	2개	약 3000원	문에 사용
걸쇠	1개	약 4000원	문에 사용
손잡이	1개	약 3000원	문에 사용
목봉(10ø×600mm)	1개	약 1000원	문에 사용
각종 나사, 못(가는 나사 24mm/35mm, 나사 38mm/75mm/120mm, 둥근못 90mm, 온두빌라 전용 못)	적당량		

* 길이 단위는 ㎜

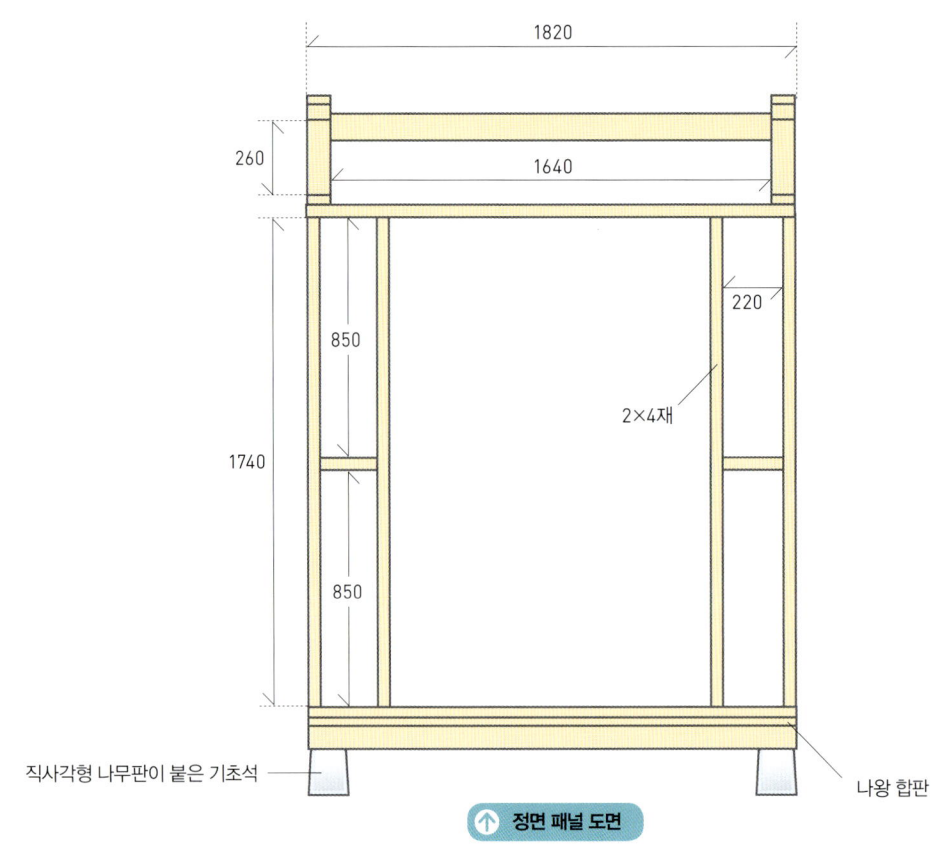

↑ 정면 패널 도면

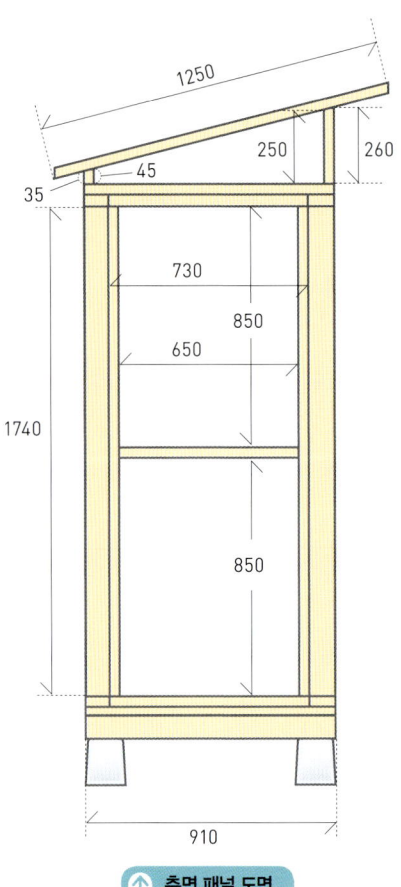

↑ 측면 패널 도면

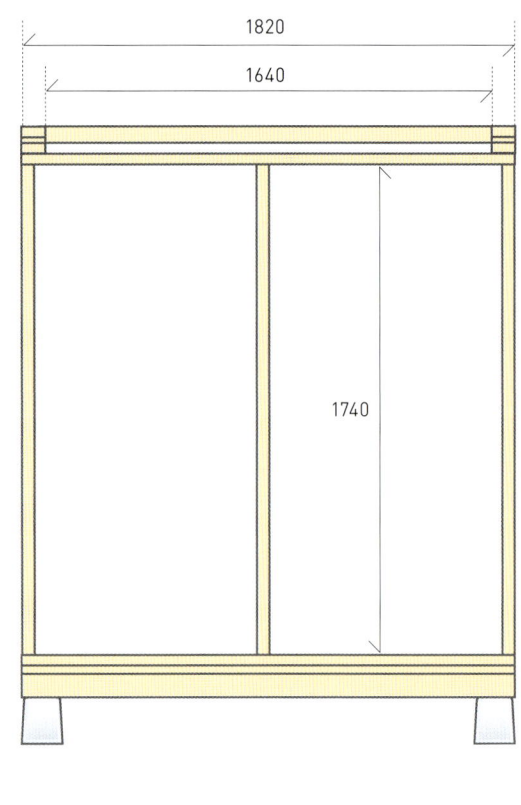

↑ 후면 패널 도면

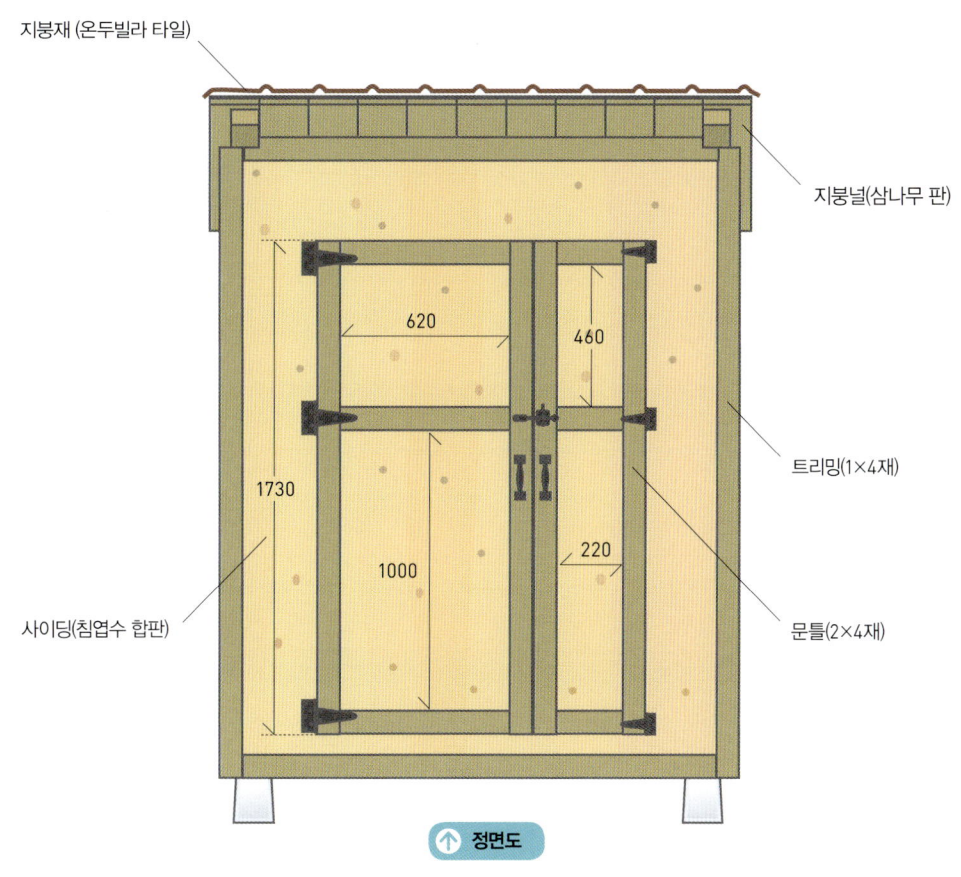

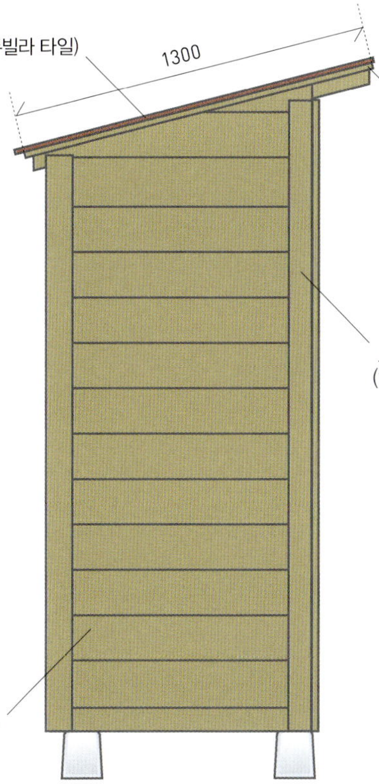

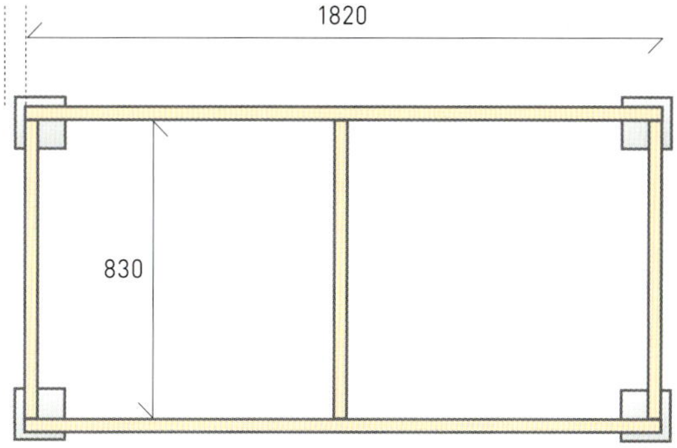

Step 2 기초, 바닥, 벽 패널 틀, 지붕 뼈대

한쪽으로만 경사진 지붕의 뼈대는 각도를 측정해서 만든다

오두막풍의 창고 만들기

Part 2
Garden House & Shed Self-Build Manual

먼저 기초와 바닥을 만든다. 바닥재로 사용할 나왕 합판을 합판 크기에 딱 맞게 만든 틀에 붙이면 바닥 패널이 완성된다. 바닥 패널의 네 모서리에 닿는 위치에 직사각형 나무판이 붙은 기초석을 수평으로 설치하고 그 위에 바닥 패널을 올려서 나사를 박아 고정한다.

그리고 4면의 벽 패널 틀을 짜서 각각 바닥 위에 올려 고정한다. 또 그 위에 치수를 재서 적절한 크기로 만든 한쪽으로만 경사진 지붕 뼈대를 접합한다.

접합 부분은 판재를 맞대어 나사를 박고 고정하기만 하면 되므로 정말 간단하다.

단, 한쪽으로만 경사진 지붕 뼈대를 만들 때는 판재를 각도 절단해야 하는데, 정밀하게 자르지 않아도 최종적인 마감에는 별다른 영향을 주지 않으니 너무 세밀하게 작업할 필요는 없다.

1. 바닥의 틀을 짠다. 틀은 75㎜ 나사를 이용해 맞대어 접합한다.

2. 나왕 합판을 틀에 붙인 다음 38㎜ 나사를 박아 고정한다.

3. 바닥 패널을 기초석에 고정하고 패널 틀과 기초석의 직사각형 나무판을 35㎜ 나사로 접합한다. 이때 확실하게 수평을 맞춰야 한다.

4. 후면의 패널 틀을 만든다.

5. 측면의 패널 틀을 만든다.

6. 전면의 패널 틀을 만든다.

7. 각 패널 틀을 세워 배치하고 접합한다. 바닥에 접합할 때는 90㎜의 둥근못을 사용하고 패널 틀끼리 접합할 때는 75㎜ 나사를 사용한다.

8. 다 조립하면 문이 들어가는 개구부가 수직인지 확인한다. 두 대각선의 길이가 똑같으면 된다.

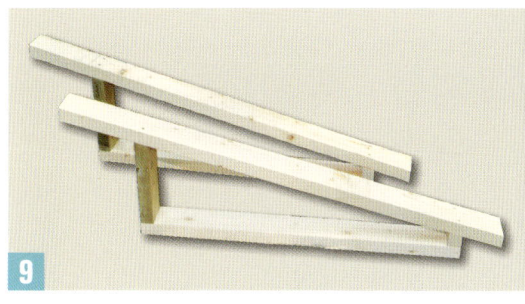

9. 한쪽으로만 경사진 지붕의 뼈대를 만든다. 긴 쪽의 세로목은 전면 260㎜, 후면 250㎜가 되도록 각도 절단하고, 짧은 쪽의 세로목은 전면 45㎜, 후면 35㎜로 각도 절단한다. 경사목 앞뒤로 튀어나온 부분의 폭은 앞(높은 쪽)은 210㎜, 뒤(낮은 쪽)는 110㎜로 했다.

10. 지붕 뼈대를 측면 윗부분에 접합하고 아래쪽에서 75㎜ 나사를 박는다.

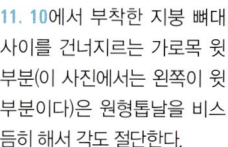

11. 10에서 부착한 지붕 뼈대 사이를 건너지르는 가로목 윗부분(이 사진에서는 왼쪽이 윗부분이다)은 원형톱날을 비스듬히 해서 각도 절단한다.

12. 11에서 윗부분을 각도 절단한 목재를 접합한 다음 75㎜ 나사를 비스듬히 박는다.

13. 전체의 뼈대가 완성됐다.

Step 3 지붕널과 벽 붙이기, 문 만들기

측면과 후면은 삼나무 판을 이용해 비늘판벽으로 마감
전면은 합판을 붙이고 문은 좌우 비대칭으로 붙여
디자인에 변화를 준다

뼈대에 지붕널과 벽재를 붙여서 전체를 빙 둘러친다. 지붕널에는 보통 합판을 사용하지만, 여기서는 벽재와 같은 삼나무 판을 사용했다. 사실 사람이 드나드는 오두막을 만들 경우, 일반적으로 벽은 합판과 루핑을 깔고 그 위에 외벽재를 붙여 마감하지만, 이번에는 창고라서 뼈대에 외벽재를 그대로 붙이는 손쉬운 방법을 택했다.

문은 2×4재로 틀을 짠 다음 안쪽에 띳장을 대고 합판을 붙였다. 디자인이 전면의 벽과 조화를 이룬다. 좌우 비대칭으로 만든 문은 언뜻 봐도 변화를 느낄 수 있어 재미를 더한다. 자신이 어떤 식의 균형을 선호하는지 파악하고 작업하면 더 마음에 드는 작품이 나올 것이다.

1. 지붕널은 38mm 나사를 박아서 깐다. 밖으로 나오는 지붕널의 폭과 똑같은 길이로 자른 자투리 목재를 지그로 사용하면 돌출된 부분을 가지런히 다듬을 수 있다.

2. 지붕널을 다 깔았다.

3. 후면에 삼나무 판을 35mm의 가는 나사를 사용해 붙인다. 판재를 겹치는 폭과 똑같은 길이로 자른 자투리 목재를 지그로 사용하면 일정한 폭으로 겹쳐 붙일 수 있다. 또한 겹치는 폭은 30mm로 설정해서 붙이고 가장 윗부분의 판재가 깔끔하게 들어가도록 도중에 폭을 조절해가며 붙인다.

4. 후면 벽을 다 붙인 상태다.

5. 측면 벽을 붙인다. 윗부분은 지붕의 경사각을 잘 측정한 다음 그 각도에 맞춰서 자른다.

6. 측면 벽을 다 붙인 상태다.

7. 전면 벽을 붙인다. 위쪽 가장자리의 모서리는 미리 치수를 측정해서 잘라놓는다.

8. 전면 벽을 다 붙였다. 전면에만 다른 색을 칠할 경우, 미리 칠해두면 작업하기가 수월해진다.

9. 문틀을 짠다. 2×4재의 나뭇조각(폭이 좁은 면)을 접합하기 위해 나사가 잘 들어가도록 지름 10mm의 드릴 비트를 사용해 나사길을 낸 후 120mm의 나사를 박는다. 접합 면에는 접착제를 발라 더욱 튼튼하게 붙인다.

10. 나사를 박고 나면 드릴 구멍에 접착제를 바른다. 그 속에 목봉을 끼워 넣고 밖으로 나온 부분을 잘라내서 나사머리를 감춘다.

11. 폭이 좁은 쪽의 문틀을 짰다.

12. 마찬가지로 폭이 넓은 쪽의 문틀을 짰다.

13. 띳장을 붙여 침엽수 합판을 폭이 좁은 쪽의 문틀에 고정한다. 목재가 갈라지지 않도록 35mm의 가는 나사를 사용해 신중히 접합한다. 문틀은 미리 칠했다.

14. 띳장을 붙인 상태다.

15. 동일한 방법으로 폭이 넓은 쪽 문틀에 띳장을 붙인다.

16. 띳장에 합판을 고정한다. 안쪽에서 24mm의 가는 나사를 박는데 이때 띳장이 갈라지거나 나사 끝이 밖으로 튀어나오지 않도록 주의한다.

17. 합판을 붙여서 문을 완성했다.

Step 4 문과 트리밍 부착, 지붕 덮기, 도장 작업/완성

두 가지 색을 나눠 발라 벽재의 소재 차이를 강조한다

오두막풍의 창고 만들기

Part 2
Garden House & Shed Self-Build Manual

문을 본체에 부착한다. 이때 양 문의 크기 차이에 맞춰서 경첩 크기도 바꾼다. 또 폭이 좁은 쪽 문의 위아래에 빗장걸쇠를 달아 고정할 수 있게 만든다. 이렇게 하면 수납하는 물건의 크기가 작을 경우, 폭이 넓은 쪽 문만 여닫으면 된다.

지붕은 프랑스산 지붕재인 온두빌라 타일을 사용해 마감한다. 먼저 루핑을 타커로 고정한 다음 온두빌라 전용 못을 이용해 온두빌라 타일을 붙인다.

도장 작업은 전면의 합판 부분만 색을 바꿔 두 가지 색으로 칠한다. 각각의 소재 차이가 두드러져서 직접 만들었을 때만 느낄 수 있는 독창성이 있다.

1. 본체에 문을 부착한다. 문 아래쪽에 직각자 등을 사이에 끼워 문이 잘 열리고 닫히는지 확인하면서 작업한다.

2. 문을 부착했다. 폭이 좁은 쪽의 문에는 길이 100mm짜리 경첩 3개, 폭이 넓은 쪽 문에는 길이 210mm짜리 경첩 3개를 사용했다.

3. 폭이 좁은 쪽 문의 하단에 빗장걸쇠를 단다.

4. 폭이 좁은 쪽 문의 상단에 빗장걸쇠를 달고, 폭이 넓은 쪽 문에는 2×4재의 모서리를 잘라 만든 스토퍼를 부착한다.

5. 걸쇠를 단다.

6. 네 모서리와 전면의 위아래 쪽에 트리밍을 붙인다. 전면 위쪽의 트리밍은 치수를 재서 양쪽 모서리를 자른다. 트리밍은 미리 칠해둔다.

7. 타커를 이용해 지붕널에 루핑을 깐다.

8. 지붕에 온두빌라 타일을 깐다. 골이 높은 부분에 전용 못을 박아 고정한다. 튀어나오는 부분은 커터로 쉽게 자를 수 있다.

정원이나 채소밭에서 편하게 이용할 수 있는 창고를 완성! 소박하고 개성 있는 디자인이 다양한 풍경과 조화를 이룬다

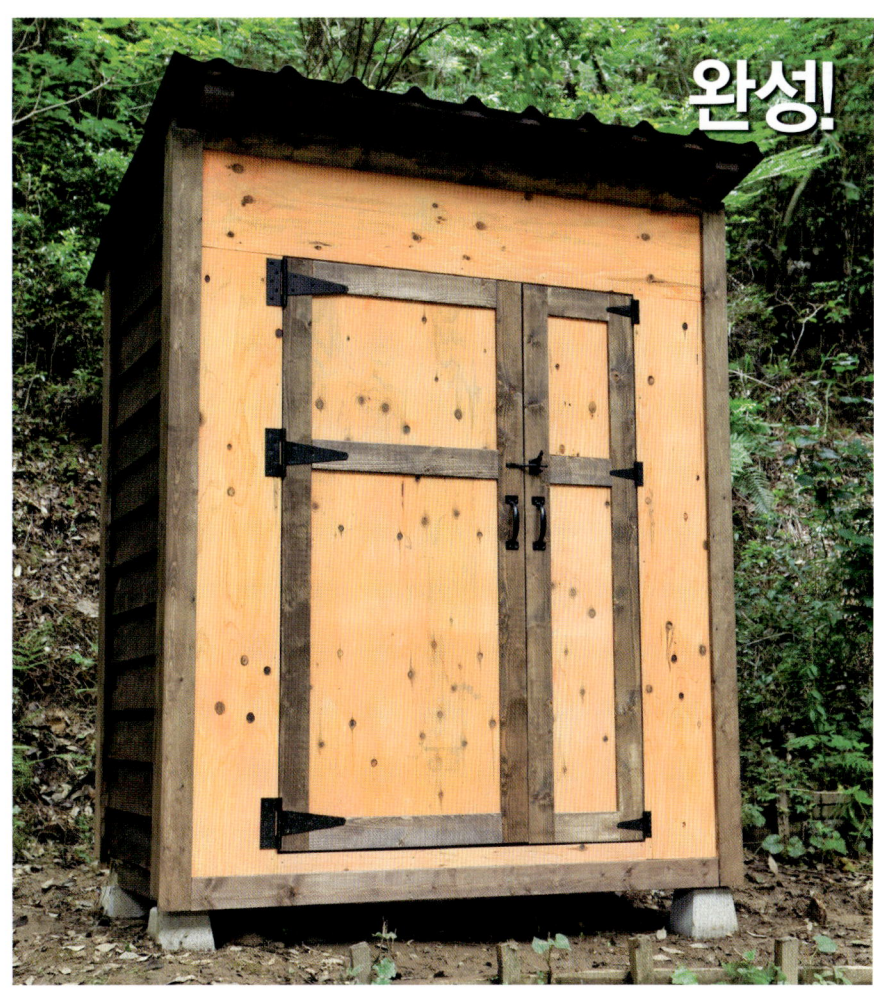

바닥 면적을 합판 한 장 크기에 맞춘 창고는 만들기도 쉽고 사용하기에도 적당하다. 수납창고가 필요한 DIY 초보자에게 강력하게 추천할 만한 오두막풍 창고다.

당연한 말이지만 어떤 색을 칠하느냐에 따라 분위기가 크게 달라진다. 여기서 소개하는 디자인은 대중적인 색을 사용했는데 좀 더 사랑스럽게 연출해도 잘 어울릴 것이다. 또한 내부에 선반이나 걸이 등을 달면 사용이 더욱 편리해진다. 수납물에 맞춰 효과적으로 꾸며보자!

도장 작업을 하고 문손잡이를 달아 완성했다. 도료는 침엽수 합판에 와신(和信)페인트사의 무색 가드랙(Guardlac)을 사용했고 나머지 부분에 씨라데코(Xyladecor)의 자단색(Palisander)을 사용했다. 이렇게 차분해 보이는 두 가지 색을 칠해 마감했다.

측면에서 본 모습. 지붕의 경사가 심하지 않아서 지붕을 덮는 작업도 수월했다.

뒤에서 본 모습. 전면과 전혀 다른 느낌이 든다.

땅을 파서 기둥을 세우고 2×4 공법을 이용해 간단히 시공한다
고상식 미니 하우스 만들기

지상고(땅 위의 높이)를 700㎜ 정도 높이기만 했는데 분위기가 이렇게 싹 달라지다니!
동남아시아의 정취도 느낄 수 있는 고상식 미니 하우스다.
정원 한구석에 만들어 키즈 하우스나 게스트 하우스로 활용해도 좋다.

시공 ◎구리타 히로무, 《두파!》 편집부
사진 ◎사토 히로키, 《두파!》 편집부
일러스트 ◎마루야마 다카히로

Part 2
Garden House & Shed Self-Build Manual

Step 1 계획과 준비

땅을 파서 기둥을 세우는 고상식 미니 하우스를 만들고 작은 덱과 계단을 설치한다

고상식*이라는 점과 땅을 파서 기둥을 세워야 한다는 점을 빼면 2×4 공법을 이용해 쉽게 만들 수 있는 일반적인 미니 하우스와 크게 다르지 않다. 모서리의 네 기둥은 기초석을 사용하지 않고 직접 지면에 파묻었다. 기둥을 충분히 깊게 박은 다음 그 위에 버팀대를 붙였다. 면적이 1.5평 정도인 작은 집이라 이 정도만 해도 강도 면에서 충분하다.

또한 정면 입구 앞에 작은 덱과 계단을 설치했다. 밖으로 내달린 지붕과 고상식 구조가 서로 어우러져서 실제 넓이보다 훨씬 커 보일 것이다. 리조트의 방갈로식 별장을 연상시키는 효과도 있다.

완성된 미니 하우스는 다양하게 활용할 수 있다. 정원 한구석에 만들어서 아이들의 비밀기지나 별채의 게스트 하우스, 아빠의 취미 생활공간, 엄마의 쉼터로 활용할 수 있고, 숲 속에 만들면 야외활동의 베이스캠프로 이용할 수 있을 것이다.

이번 미니 하우스 제작은 약 160만 원의 재료비가 들었고, 성인 세 명이서 이틀 반나절 동안 작업했다. 초보자인 경우에는 성인 둘이서 주말에 5~6번 정도 작업하게끔 계획을 세우면 적당하다.

* 고상식(高床式): 땅 위에 기둥을 세우고 그 위에 집을 짓는 방식

작업 순서

기둥 설치, 토대 → 바닥 → 측면 패널 → 외벽 → 마룻대 올리기 → 지붕 덮기 → 도장 작업 → 덱, 계단 → 처마 → 창문과 문 부착

주로 사용한 공구류

전동공구	원형톱, 임팩트 드라이버(드릴 비트와 드라이버 비트)
수공구	톱, 쇠망치, 나무메, 타커, 커터, 삽, 탬퍼
계측 도구	줄자, 초크 라인, 수준기, 곱자, 직각자
도장 도구	붓, 페인트 페일통, 걸레(낡은 천), 비닐장갑
기타	발판 사다리(2개 이상), 연장 코드, 다용도 작업대(쏘호스)

준비한 자재 일람표

* 가격은 참고 가격입니다.

자재	수량	가격	용도
방부 처리한 4×4재(12ft)	4개	약 9만 원	
방부 처리한 4×4재(4000mm)	4개	약 10만 원	
2×4재(12ft)	26개	약 10만 원	
2×6재(12ft)	33개	약 33만 원	
은촉이 달린 OSB 합판(24mm×910mm×1820mm)	11장	약 34만원	바닥, 지붕용
은촉이 없는 OSB 합판(9mm×910mm×1820mm)	9장	약 12만	벽에 사용
삼나무 판(14mm×180mm×3600mm)	6묶음 (30장)	약 18만 원	외벽용
23kg 루핑(방수시트)	2묶음	약 7만 원	지붕, 벽에 사용
아스팔트 싱글(진녹색)	5묶음 (100장)	약 15만 원	지붕용
아크릴판(5mm×900mm×1800mm)	1장	약 8만 원	박공벽, 창문용
경첩(대, 소)	1쌍씩	약 2만 원	문, 창문용
걸쇠(자물쇠 포함)	1개	약 4000원	문에 사용
각종 나사(65mm/75mm/90mm), 태핑나사(나사를 돌리면 스스로 구멍을 파며 들어가는 나사) 25mm/32mm, 둥근못 50mm, 싱글용 못 24mm			적당량

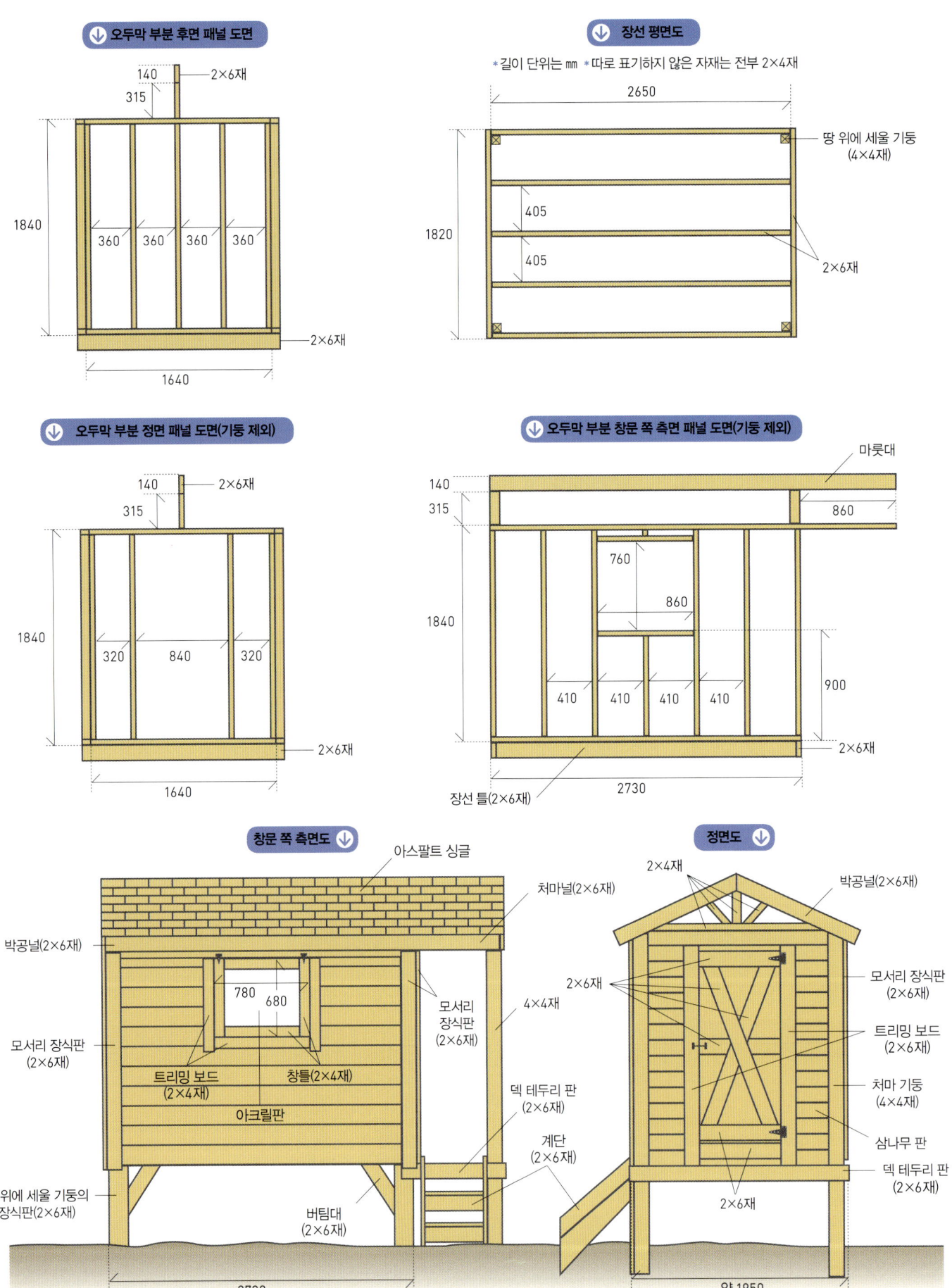

Step 2 기둥, 토대, 바닥

땅을 파서 기둥을 세우고 토대와 바닥을 만든다

시공할 위치를 정하면 먼저 네 모서리 기둥 중 하나를 선택해서 기둥구멍을 판다. 약 60cm를 파고 바닥에 육각형으로 가공한 2×4재의 자투리(방부제를 바른 것)를 깔아서 기둥이 내려앉는 것을 방지한다. 그다음 여기에 4×4재(방부 처리한 것)를 수직으로 세우고 흙을 메워서 고정한다. 이 단계에서 지상으로 나온 기둥의 길이는 정확하게 정하지 않아도 상관없다.

토대는 우선 2×6재(방부 처리한 것)로 틀을 짜고 장선을 설치해 만든다. 정확하게 직사각형인지 확인한 다음 시공 위치로 운반해서 미리 세워둔 기둥 하나를 뼈대의 모서리 안쪽에 댄다. 이 상태에서 다른 세 기둥의 정확한 위치를 결정하고 처음에 기둥을 세우면서 한 작업을 반복한다. 네 기둥을 세우면 뼈대를 수평으로 유지하면서 기둥과 틀을 고정한다. 이때 틀의 높이는 임의로 정하고, 뼈대에서 튀어나온 기둥은 톱으로 자른다.

기둥과 뼈대를 설치한 다음 바닥재(은촉이 달린 두께 24㎜의 OSB 합판) 3장을 깔면 토대가 완성된다.

이 작업에서는 구멍 바닥에 판재를 깔아 기둥이 내려앉는 상황을 방지하는 것이 가장 중요하다. 이때 판재 대신 자갈을 사용해도 상관없으며 생 콘크리트를 부으면 훨씬 튼튼해서 좋다.

1. 시공 위치를 정하면 약 60㎝ 깊이의 구멍을 판다. 구멍 바닥에는 2×6재의 자투리를 팔각형으로 가공하고 방부제를 발라서 깔았다.

2. 수준기를 사용해서 수직을 맞춘 기둥(방부 처리한 4×4재)를 하나만 1의 구멍에 세운다. 이 단계에서 지상고는 적당히 잡아도 된다.

3. 방부 처리한 2×6재를 이용해 장선 틀을 짠다. 틀은 910㎜×1820㎜의 합판 3장을 올릴 수 있는 크기로 만들었다.

4. 장선을 조립하고 정확하게 직사각형으로 만들어졌는지 확인한 다음 그 상태에서 움직이지 않도록 적당한 판재를 임시로 고정해둔다.

5. 세워놓은 기둥에 틀을 대고 다른 세 모서리 기둥의 정확한 위치를 정한다.

6. 다른 세 기둥의 구멍을 파고 기둥을 세운다.

7. 틀의 높이를 정하고 기둥에 고정한다. 이때 틀은 수평을 맞춰서 설치한다.

8. 기둥에 2×6재를 덮어 장식했다. 이렇게 하면 외관도 보기 좋고 강도도 한층 더 높일 수 있다.

9. 틀보다 튀어나온 기둥을 톱으로 자른다.

10. 임시 고정한 판재를 떼어내면 토대가 완성된다. **11.** 두께 24㎜의 OSB 합판을 깔아 바닥을 만든다. 24㎜ 합판 3장을 딱 맞게 올릴 수 있는 크기로 만들었다. **12.** 토대와 바닥이 완성됐다.

Step 3 측면 패널 설치

2×4재로 뼈대를 만들고 OSB 합판을 붙인다

바닥 면 가장자리에 2×재와 두께 9mm의 OSB 합판으로 짜 맞춘 패널을 세운다. 먼저 양 측면의 패널을 짜서 세운 다음 나머지 전후 면 패널을 세운다. 패널은 2×4재를 짜 맞춘 뼈대에 합판을 붙여 만든다. 이때 정확히 직사각형인 합판의 특성을 이용해 힘으로 뼈대를 맞추는 것이 요령이다.

또 나중에 지붕의 서까래를 비스듬히 올릴 것을 고려해 합판을 아래쪽으로 약 20mm 옮겨서 붙이는 것도 중요하다.

1. 바닥 위에서 측면 패널의 뼈대를 조립한다. 뼈대 윗부분의 가로목은 처마도리가 되므로 길게 붙여야 한다.

2. 두께 9mm의 OSB 합판을 깔고 바닥 면에 세워 올린 다음 90mm 나사를 박아 튼튼하게 고정한다. 오른쪽에 비스듬히 붙인 판재는 패널이 움직이지 않도록 임시로 고정한 것이다. 사진을 보면 처마도리가 밖으로 길게 나온 것을 확인할 수 있다.

3. 창문 쪽 측면 패널의 뼈대. 창문 부분이 뚫려 있다.

4. 창문 쪽 측면 패널을 세워 올린 다음 고정한다.

5. 후면 패널은 세워놓은 양쪽 측면 패널 사이에서 짜 맞춘다. 이 상태로 세우면 사이에 딱 맞게 들어간다.

6. 조립이 끝나면 합판을 붙이기 전에 세워서 고정하고 그 위에 합판을 붙인다.

7. 전면 패널의 뼈대를 세운다. 문 부분은 뚫려 있다.

8. 모든 측면 패널을 세웠다. 처마도리 2개가 튀어나와 있다.

Step 4 사이딩(외벽)

삼나무 판을 이용해 비늘판벽으로 마감한다

측면 패널을 세웠기 때문에 여기서부터는 여러 작업을 동시에 진행하는데, 편집상 여기서는 먼저 외벽재를 부착했다. 외벽재는 두께 14㎜, 폭 180㎜, 길이 3600㎜의 삼나무 판을 선택해서 44페이지의 가든 하우스 만들기와 동일한 방법으로 비늘판벽을 만들었다.
외벽재를 붙이는 방법에 관한 자세한 설명은 57페이지를 참조하자.

1. OSB 합판 전체에 루핑을 붙인 다음 타커를 이용해 재빨리 박아 고정한다. 루핑의 글씨가 수평으로 보이게 붙여놓으면 삼나무 판을 수평으로 붙일 때 기준으로 삼을 수 있다.

2. 삼나무 판을 폭 25㎜~30㎜ 정도로 자른 것(스타터)을 가장 아랫부분에 부착하고 벽을 붙이기 시작한다.

3. 스타터 위에 첫 번째 삼나무 판을 겹쳐 붙인다. 50㎜의 둥근못을 박아 고정하는데 못 자리는 반드시 샛기둥(2×4재로 짠 뼈대의 세로목) 위치에 맞춰야 한다. 그러므로 미리 샛기둥 위치를 루핑에 표시해두면 좋다.

4. 두 번째부터는 직접 만든 지그를 대어 붙인다. 이 지그는 겹치는 폭을 일정하게 하기 위해 사용하는 것이다(57페이지 참조). 두 사람이 함께 작업하면 훨씬 효율적이다.

5. 모서리는 나중에 장식판을 붙이므로 약간 굴곡이 있어도 괜찮다.

6. 창문과 문의 개구부를 피해 벽 전체에 판재를 붙인다. 가장 윗부분이 잘 맞도록 겹치는 폭을 조금씩 조정해도 상관없다.

7. 삼나무 판을 다 붙이면 모서리 부분을 장식한다. 2×6재 2장을 L 모양으로 조립해서 모서리에 붙인다.

Step 5 마룻대, 서까래, 처마널, 박공널, 박공벽, 지붕널

지붕 경사를 '5치 물매'로 결정하고 작업을 진행한다

마룻대 높이는 지붕의 경사에 따라 정해진다. 이번에는 지붕 경사를 '5치 물매(수평 100cm에 대하여 수직으로 50cm 올라간 경사)'로 설정해서 결과적으로 마룻대의 높이는 아래쪽의 도면과 같다. '5치 물매'란 '가로 10, 높이 5'일 때의 경사 각도를 말하는데, 이것을 이번 작업에 맞춰서 계산해보면 마룻대 높이는 910mm의 절반인 455mm가 나온다.
서까래는 마룻대에서 처마도리로 걸치는 판재로 이 위에 지붕널을 올린다. 서까래는 2×4재나 2×6재를 함께 사용했다. 또 처마널과 박공판은 서까래에서 지붕널의 두께만큼(24mm) 위로 튀어나오게 부착하는 것이 요령이다.

박공벽에는 채광을 위해 두께 5mm의 아크릴판을 붙였다. 아크릴판은 약간 비싸지만 원형톱으로 쉽게 가공이 가능한 장점이 있는 DIY용 자재이다.

1. 마룻대(2×6재)와 서까래를 받치는 마룻대공(2×4재)을 땅 위에서 조립한 상태 그대로 전후 면 패널에 부착한다. 마룻대를 받치는 마룻대공은 사진과 같이 패널 안쪽에서 90mm 나사를 비스듬히 박아 고정한다.

2. 마룻대를 설치했다.

3. 서까래는 각도를 잘 재서 미리 각도 절단 가공을 해둔다. 2×4재와 2×6재를 함께 사용했다.

4. 서까래를 설치한다. 가장 뒤쪽의 서까래(2×6재)는 2×재의 두께만큼 바깥쪽으로 옮겨서 설치한다.

5. 앞쪽의 마룻대에도 서까래를 설치한다.

6. 서까래를 전부 설치한 상태다.

7. 후면의 박공벽은 마룻대공이나 서까래의 장식판을 붙이면 사진과 같은 모양이 된다. 여기에 아크릴판을 붙인다.

8. 박공벽 부분에는 투명 아크릴판을 붙인다. 그런데 아크릴판을 붙이고 나면 도장 작업을 할 수 없으므로 그전에 해놓아야 한다.

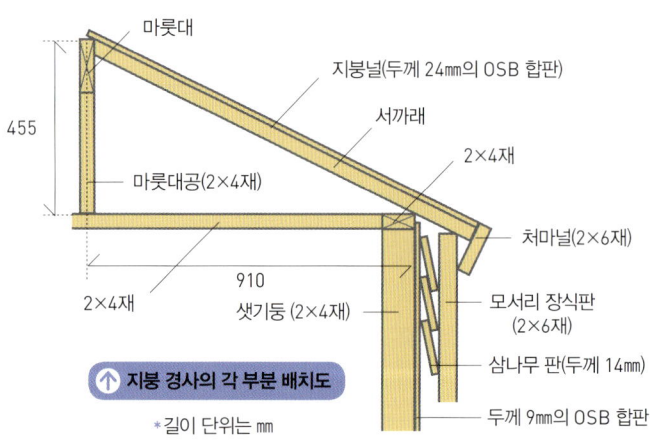

지붕 경사의 각 부분 배치도

*길이 단위는 mm

9. 투명해서 잘 안 보이지만 박공벽에 둘로 나눈 아크릴판(두께 5mm)을 붙인다. 나사길을 내고 구멍 가장자리를 비스듬히 깎은 다음 태핑나사를 박아 고정한다. 아크릴판 가공은 원형톱으로 할 수 있다.

10. 전면 문 위쪽의 박공벽도 동일한 방법으로 작업한다. 마룻대가 뻗어 있어서 마룻대가 지나가는 만큼 마룻대공을 깎아냈다.

11. 후면의 박공판(2×6재)을 설치한다. 지붕널의 두께만큼(24mm) 서까래보다 밖으로 튀어나오게 부착한다.

12. 양옆의 처마널을 설치하기 전에 사진과 같이 긴 가로목(2×4재)을 부착한다. 배수 대책과 동시에 창문 위쪽의 트리밍 보드 역할도 한다. 나중에 창문을 부착할 때 이 판재와 창틀을 경첩으로 접합하게 된다. 디자인 면으로 봐도 소소한 재미를 준다.

13. 처마널(2×6재)을 설치한다. 이것 역시 박공판과 마찬가지로 지붕널의 두께만큼(24mm) 서까래보다 밖으로 튀어나오게 부착한다.

15. 전면의 박공판을 설치했다.

16. 박공판과 처마널을 접합한다. 박공판 아래쪽의 삼각형 판재는 박공판을 혼자서 부착할 때 사용하는 보조판이며 나중에 제거한다.

14. 여기서 가장 앞쪽에 있는 덱의 기둥 2개를 세운다(땅을 파서 그 위에 세운다). 기둥 위치는 가장 앞줄의 서까래와 평행한 곳에 잡는다.

17. 지붕널(두께 24mm의 OSB 합판)을 올린다. 처마널과 박공판이 밖으로 24mm 튀어나와 있어서 지붕널을 평평하게 깔 수 있다. 지붕널 이음매에 서까래가 오도록 신경 써서 깔아야 한다.

18. 지붕널을 서까래에 못을 박아 고정했다. 이것으로 지붕널이 완성됐다.

Step 6 지붕 덮기

대중적으로 사용하는 아스팔트 싱글을 붙인다

여러 가지 지붕재가 있는데 여기서는 대중적인 아스팔트 싱글(진녹색)을 선택했다. 먼저 지붕널에 루핑을 깔고 그 위에 아스팔트 싱글을 붙인다. 44페이지의 가든 하우스 만들기에서 자세히 설명했지만, 아래쪽부터 한 줄씩 절반 정도를 겹쳐가며 붙이는 것이 기본이다. 스타터(첫 번째 줄)는 폭을 절반으로 자른 아스팔트 싱글을 붙이고 다시 그 위에 다른 싱글을 겹쳐가며 붙인다. 마지막 줄인 꼭대기 부분도 같은 방식으로 붙이면 가장자리의 한 장은 겹쳐서 붙인 모양이 된다. 이 아스팔트 싱글은 전용 못을 박아 고정한다.

1. 지붕널 전체에 루핑을 깐다. 타커로 재빨리 박아 고정한다.
2. 스타터는 아스팔트 싱글의 폭을 반으로 잘라서 붙인다. 또 아스팔트 싱글은 빗물이 흐를 것을 고려해서 기본적으로 지붕 크기보다 20mm 정도 튀어나오게 붙인다.
3. 첫 번째 줄 위에 두 번째 줄을 겹쳐서 단면이 아래쪽으로 오게 붙인다.
4. 세 번째 줄부터는 앞줄에 반씩 겹쳐서 붙인다. 양쪽(박공판 쪽) 가장자리 부분도 반으로 자른 아스팔트 싱글을 20mm 정도 튀어나오게 해서 세로 방향으로 한 줄을 붙였다. 튀어나온 지붕재가 가지런히 일치해야 보기에 예쁘다.

5. 꼭대기 부분 역시 가장자리 한 장을 완전히 겹쳐서 붙이고 그다음부터 반씩 겹쳐가면서 붙인다.
6. 지붕재를 다 붙인 모습. 사진과 같이 아스팔트 싱글의 단면이 번갈아 나타나도록 붙여야 한다.

Step 7 도장 작업

도장 작업을 한다

도장은 보통 칠할 수 있는 조건이 갖춰지면 아무 때나 해도 된다. 단, 이번 작업처럼 투명 아크릴판을 사용해 박공벽을 만드는 경우에는 아크릴판을 끼우는 틀을 먼저 칠해두는 것이 바람직하다.

1. 박공벽의 마룻대공이나 장식판 등은 아크릴판을 붙이기 전에 칠해놓는다.
2. 모서리나 창틀 등은 갈색, 벽은 흑갈색으로 나눠 칠했다. 이 부분은 자기가 원하는 색으로 칠하면 된다. 여기서는 나뭇결이 보이는 스테인 계열의 도료를 칠했다.

Step 8 덱, 계단

문 앞의 덱을 만들고 처마를 마감한다

고상식 미니 하우스는 지면과의 높이 차이가 있어서 문을 열자마자 지면을 밟을 수 있게 만들기가 어렵다. 이 경우에는 문 앞에 작은 덱을 설치해 충격을 방지하고 계단을 이용해서 내려가는 방식으로 만들어야 편리하다.

1. 덱 바닥의 높이를 정하고 문 쪽의 기둥 2개에 2×6재를 부착해 집 쪽의 장선으로 삼는다.

2. 미리 땅을 파서 세워놓은 길쭉한 기둥 2개를 이용해 장선을 고정한다.

3. 덱의 바닥재(2×6재)를 깐다. 테두리 판도 길쭉한 기둥에 고정해서 부착한다.

4. 덱의 측면 쪽에 테두리 판을 붙인다.

5. 계단의 측판은 2×6재 2장에 발판 받침을 접합하고 폭을 넓혀 만들었다.

6. 발판과 세로목을 붙여 계단을 완성했다. 계단 하나의 높이는 250mm이다.

7. 처마는 박공판에 가로목(2×6재)과 세로목/경사목(2×4재)을 붙여 디자인 효과를 주는 동시에 강도도 높였다.

Step 9 창문, 문/완성

창문과 문을 부착한다

Part 2 Garden House & Shed Self-Build Manual

고상식 미니 하우스 만들기

일반적으로 창문은 개구부에 틀을 설치하고 틀 안쪽에 창문을 끼우지만 여기서는 양옆의 틀을 문 버팀쇠처럼 사용하기 위해 위치를 잡고 트리밍 보드에 경첩을 달아 여닫이창을 만들었다. 또 문은 2×6재 7장을 세로로 배치해 접합하고 표면에 2×6재를 비스듬히 붙여 장식했다. 상당히 무겁지만 그만큼 튼튼하게 만들어졌다. 경첩의 강도가 미덥지 않다면 하나 더 달아도 좋다.

1. 창문 개구부의 양옆과 위아래 쪽에 틀(2×4재)을 부착한다. 위쪽 틀은 미리 붙여놓은 긴 가로목(트리밍 보드 역할도 한다)과 겹치도록 주의해서 붙이자.

2. 2×4재를 사용해 창틀을 짠다. 틀 두 개를 겹쳐서 맞대어 접합하는데 나사 길이가 짧아서 드릴로 자리파기를 한 다음 나사를 박아 접합했다.

3. 창문 크기에 맞춰 자른 아크릴판을 창틀에 부착한다. 홈에 끼워 넣지 않고 위에서 간단히 겹쳐 25mm 태핑나사를 박아 고정한다. 이때 무작정 나사를 박지 말고 지름 4mm의 드릴 비트를 이용해 나사길을 뚫은 다음 나사를 박아 고정한다.

4. 창문은 경첩을 달아 부착한다. 이때 주의해서 미리 붙여놓은 가로목에 접합해야 한다. 양옆과 아래쪽 틀이 창문 부근이 된다.

5. 창문의 양옆과 아래쪽에 트리밍 보드(2×4재)를 붙인다.

6. 적당한 크기의 나뭇가지를 사용해 창문 스토퍼를 달았다.

7. 문의 개구부에 틀(2×6재)을 부착한다. 패널 뼈대의 가장 아래쪽 틀을 잘라낸 것에 주의한다.

8. 2×6재 6장을 세로 방향으로 배치해 문을 만든다.

9. 2×6재를 X 모양으로 놓고 문을 장식한다.

10. 문 개구부 가장자리의 양옆과 위쪽에 트리밍 보드를 부착한다.

11. 문에 가로댄 목재 부분에 경첩을 달아 문을 부착한다.

12. 문에 받침대를 붙이고 걸쇠를 달았다. 이것으로 문 부착 작업이 끝났다.

동남아시아의 정취가 물씬 풍기는 고상식 미니 하우스 완성!

일반적으로 독립기초를 만들 때는 지면에서 작업하므로 번거로울 일이 없다. 하지만 고상식 하우스는 땅을 파고 기둥을 세워야 했기에 작업할 때 발 디딜 곳이 마땅치 않은 데다 번번이 오르내려야 해서 굉장히 힘들었다. 하지만 완성하고 보니 그만한 가치가 있었다. 바닥이 높을 뿐인데 집이 한층 더 커 보이고 동남아시아의 정취가 물씬 풍기는 기분 좋은 미니 하우스가 완성된 것이다. 도장 작업을 할 때도 조금 과감하게 두 가지 색을 나눠 칠했더니 마음에 쏙 드는 결과물이 나왔다. 내부 자체는 1.5평으로 그다지 넓지 않지만 작은 덱을 설치해서 사용하기 편리해 보인다. 덱을 더 넓히면 훨씬 다양하게 이용할 수 있을 것이다.

박공벽에 투명 아크릴판을 넣어서 실내가 생각보다 훨씬 밝다.

안에서 문밖을 바라본 모습. 덱이 있어서 리조트에 온 것 같은 느낌이 절로 든다.

정면에서 본 모습. 집이 길쭉하게 보여서 재미있다.

고상식 미니 하우스. 아래쪽이 통기가 잘 돼서 습기가 있는 지역에서도 효과적이다.

완성!

> Column
> 고상식 미니
> 하우스 만들기 2

6개월 동안 고군분투한 집짓기, 완성하고 보니 최고의 추억이었다

집을 완성했을 때 느꼈던 기쁨을 떠올리면 아직도 마음이 벅차오른다. DIY 잡지의 편집자지만 경험이라고는 이전에 수제 하우스 몇 군데를 취재한 것뿐이었다. 그런데도 굳게 마음을 먹고 주말에 개인 시간을 투자하니 작은 공방이 완성됐다. 힘들었지만 돌이켜보면 지난 6개월의 작업 기간은 잊을 수 없는 최고의 추억이 됐다.

글 ◎와키노 슈헤이, 《두파!》 편집부

기초를 완성했다. 정말 험난한 작업 과정이었다. 바닥의 넓이는 3.6×2.5m로 약 9㎡다. 예산 문제로 기초석을 대신해 중량 블록이나 판재, 화강암 갓돌 등을 사용했다. 단, 장선이나 동자기둥은 충분히 만들었다. 장선은 방부 처리한 2×6재를 썼다.

'모두'가 '내'가 되고, 또 다시 '모두'가 되었다

2년 전 봄, 우리 《두파!》 잡지가 보소 반도의 산속에 DIY 작업장을 확보했다. 본래 목표는 독자와의 협력 작업을 상징하는 여러 가지 실험적인 DIY 작업을 시행하는 것이었다. 그래서 발족했을 때는 모두 힘을 합쳐서 그 기반이 될 공방 하우스를 만들어보려고 했다. 하지만 시작하자마자 내가 크게 착각했다는 것을 깨달았다. 아니나 다를까 갑자기 '모두'가 '나'로 변해버렸던 것이다. '모두'는 각각의 사정이 있어서 겨우 쉴 수 있는 귀중한 주말을 산속에서 보내고 싶어 하지 않았다. 이에 '나'는 어쩔 수 없이 한 가지 꾀를 냈다. 맛있는 술과 안주를 미끼로 친구들을 불러 모은 다음, 그들이 정신 팔린 틈을 타서 미니 하우스 만들기에 동참시키는 작전이었다. 결과는 성공적이었다. 학창 시절의 친구와 낚시 친구, 후배, 등산 친구 등이 맛있는 술과 요리, 상쾌한 산의 공기에 혹해서 꼬리에 꼬리를 물고 찾아왔다. 게다가 매주 주말마다 혹사해서 점점 수척해져 가는 나의 모습을 차마 볼 수 없었는지 아들과 아내까지 "도와드릴게요"라고 말해서 나를 감동케 했다.

이런 연유로 점차 '내'가 '우리'가 되고 가끔은 편집부원들도 참여해서 결과적으로 '모두'가 작업에 힘썼다. 여름에 들어서자 공방 만들기가 겨우 궤도에 올랐다. 7월에는 풀베기와 기초 만들기, 8월에는 벽 패널 세우기와 마룻대 올리기, 9월에는 지붕과 외벽 만들기, 10월에는 바닥 깔기와 창호 만들기, 11월에는 도장 작업과 실내 선반 만들기, 조명 설치, 12월에는 집 둘레의 덱 만들기……. 이런 식으로 꾸준히 작업했더니 막막하기만 했던 공방은 마침내 끝이 보이기 시작했다. 그전까지 7월에는 비와 각다귀에 시달렸고 8월에는 무더위와 벌레에 떨었다. 9월에는 살무사와 말벌 대책 마련에 쫓겼으며 10월에는 태풍이 몰아닥쳤다. 금방 완성할 수 있겠다고 생각했을 무렵에는 두려워하던 요통이 악화된 데다 고관절까지 다치는 바람에 병원에서 MRI 검사를 받는 상황에 놓이게 되었다. 이런 악재 속에서 작업은 무척 더뎠지만 그래도 착실하게 완성을 향해 가고 있었다. 그리고 12월 초, 드디어 그날이 찾아왔다. 나의 조촐한 꿈의 구장이 막을 연 그날이…….

세상에 하나뿐인 나만의 멋진 공방

인적 없는 산속의 공방 하우스. 이미 해가 저문 터라 작업등을 켜서 막 완성한 미니 하우스를 밝혔다. 한쪽으로만 완만하게 경사진 지붕, 삼나무 판을 세로로 붙이고 틈새에 코킹제를 발랐으나 익숙하지 않아서 마감이 지저분해진 외벽, '멍청이'를 수도 없이 외쳐가며 하루를 꼬박 들여서 부착한 쌍여닫이, 아내가 도와준 검은색과 메이플색의 투톤 컬러 도장 작업은 두 번 칠할 예정이었는데 결국은 한 번만 칠했다. 이래저래 후회되는 점이 많아 마무리가 썩 만족스럽지는 않지만, 그래도 하나하나 작은 추억이 생겼다. 나는 한 손에 와인글라스를 들고 미니 하우스에서 멀찍이 떨어져서 한 바퀴 둘러보고 다가가서도 둘러보고 또 안에 들어가서도 둘러봤다. '이거면 됐지 뭐'라고 중

얼거리며 일단 집짓기를 마쳤다는 기쁨에 겨워 혼자서 건배했다. 내 행동을 누군가 봤다면 그냥 자기만족에 흠뻑 취한 아저씨라고 생각했을 것이다. 하지만 남이 뭐라고 하든 세상에 하나뿐인 나만의 멋진 공방이 탄생한 것은 분명한 사실이다.

마감이나 규모는 차치하더라도 거의 혼자 힘으로 미니 하우스를 완성한 것이 내게 큰 자신감을 주었다. 또 한편으로 새삼 중요성을 실감한 것이 있다. 바로 내 손으로 직접 집을 지을 때는 자재의 반입과 양생, 또 작업 환경의 확보가 가장 중요하다는 점이다. 10㎡가 채 안 되는 작은 공방이라도 꽤 많은 자재가 필요하다. 기초석, 2×4재, 합판 종류, 지붕재, 루핑, 바닥재, 덱용 판재, 접합용 철물, 도료……. 대충 떠올려 봐도 이만한 양의 자재를 혼자 힘으로

01 바닥 토대(두께 24㎜의 OSB 합판)를 깔고 벽 패널을 세웠다. 이것이 바로 2×4 공법이다. 2×4재를 사용해 뼈대를 만든 패널을 4면에 세운다. 사진은 후면 패널을 세운 모습이다. **02** 전후 면 패널에 이어 측면 패널을 세운다. 사진은 패널의 틀을 짜는 모습이다. **03** 지붕을 완성하기 전까지는 파란 천막을 덮고 공사를 재개할 수 있을 때까지 기다렸다. 비가 내려 현장이 엉망이 되는 일도 다반사였다. **04** 8월 중에 4면의 벽을 전부 세우고 지붕널도 다 붙였다. **05** 9월로 접어들면서 드디어 지붕을 완성했다. 아스팔트 싱글도 붙였다. **06** 집 주위의 모습. 가장 먼저 합판 위에 루핑을 깔았다. **07** 외벽재는 저렴한 삼나무 판을 세로 방향으로 붙였다. **08** 외벽 중간 부분에 삼나무 판의 이음매를 따라 삼나무 판을 가로 방향으로 붙였다. 빗물이 위에서 들어올 것을 각오하고 결정한 디자인이다. 틈새에 코킹제를 발라 누수를 방지했다. 창문과 문의 개구부도 확실하게 만들었다.

현장에 가져올 수는 없다. 내 경우 처음에는 인터넷 쇼핑몰에서 구입한 재료의 운반을 업자에게 부탁하고, 나머지는 필요에 따라 근처의 DIY 전문점에서 구입해서 내 차나 트럭을 빌려 부지런히 날랐다. 겨우 다 날랐더니 완전히 녹초가 된 데다가 빗방울도 뚝뚝 떨어져서 "오늘은 그만하고 맥주나 마시자!"라고 한 적이 한두 번이 아니다. 작업대와 발판, 파란 천막 등을 준비하는 것도 중요하다. 나는 고소공포증이 조금 있어서 지붕 위에 안전하게 올라갈 방법을 찾는 것이 정말로 중요했다. 요컨대 셀프 빌드는 집을 짓기 위한 조건을 얼마나 잘 갖췄느냐가 관건이다. 만일 내가 조건을 완벽하게 갖추고 공방을 짓기 시작했으면 진작 끝나고도 남았을 것이다.

10月 October

09 천연 소나무 바닥재를 사용해 바닥을 깔았다. 두께 24mm 합판을 자르지 않고 그대로 붙이는 방안도 생각해봤지만, 합리적인 가격으로 할인된 건축 자재를 찾은 덕분에 마음껏 바닥재 작업을 할 수 있었다.

10 단순한 여닫이창을 달았다. 아크릴판을 끼웠다.

11月 November

13 드디어 도장 작업. 마스킹 테이프를 빈틈없이 붙이고 양생 중인 모습이다.

12 정면의 개구부는 쌍여닫이를 부착했다. 혼자서 문을 부착하느라 엄청나게 고생했다. 이것도 2×재와 아크릴판을 사용해 만들었다.

11 측면에 문을 부착했다. 이 역시 아크릴판을 끼웠다.

12月 December

14 검은색과 갈색으로 나눠 칠했다. 검은색은 이케다 코퍼레이션의 리보스(Livos). 갈색은 쿠오펨의 인우드(IN-WOOD)를 선택했다.

15 12월로 접어들고 드디어 내부 장식이다. 벽에 유공판을 붙이기 전에 조립식 자재를 이용해 선반을 만들었다.

16 집 둘레에 덱을 만들었다. 덱의 바닥재는 도장 작업이 필요 없는 사이프러스를 선택했다.

가든 하우스 셀프 빌드 메모

공법	2×4 패널 공법
바닥 면적	9㎡
총예산	약 150만 원
지붕재	아스팔트 싱글
바닥재	천연 소나무 바닥재
외벽	삼나무 판
덱	사이프러스(측백나무 변종)
문, 창문	2×재, 아크릴
선반	2×4 베이식 셀프 링크(2×4재를 사용하는 조립식 선반 세트), 사이프러스, 유공판 etc.
페인트	리보스, 인우드

17 마루 중심에 워크벤치와 테이블 톱을 놓았다. 앞쪽의 테이블 톱은 독일제 페스툴(Festool)의 테이블 톱 'CMS-TS55'다. 콤팩트 모듈 시스템과 경량의 알루미늄 바디를 채용하고 슬라이드 테이블과 연귀자, 펜스 등이 달려 있어 작업을 정밀하게 할 수 있다. 선반 위에는 각종 전동공구를 진열했고 공구 박스, 대형 용기, 철물 장식 종류가 있다. 벽에는 날카로운 도구나 측량 공구 등을 걸어 놓았다.

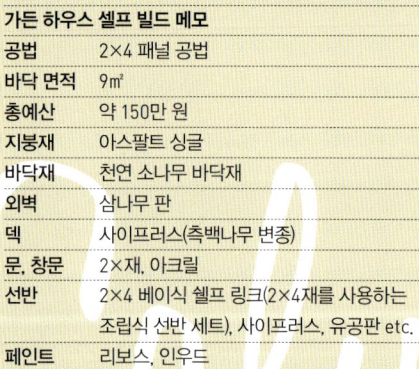

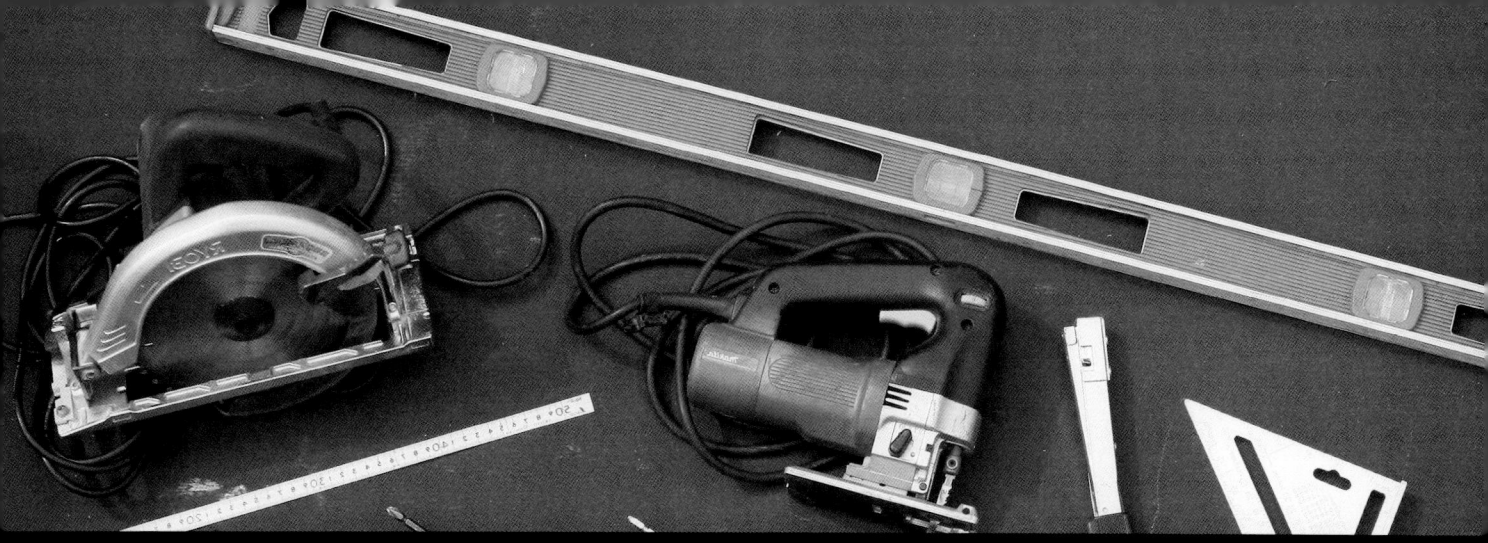

권말 기획
가든 하우스 시공에 필요한 목공 지식과 기술 가이드

꿈에 그리던 가든 하우스를 직접 만든다면 기본적인 목공 기술은 필수다

거창한 기술이 필요한 것은 아니다. 취미로 즐기는 목공 작업에서 사용하는 기술과 큰 차이가 없다.
그저 평소보다 커다란 가구를 만든다고 생각하면 미니 하우스 만들기도 쉽게 시작할 수 있을 것이다.
가장 중요한 기본은 꾸준히 하려는 의욕이다!

CONTENTS

- 가든 하우스 제작에 유용한 공구 사용 방법
- 가든 하우스 제작에 유용한 목공 기술
- 자재 가이드와 구입 방법
- 가든 하우스를 직접 만들 때 필요한 공구 갖추기

가든 하우스 제작에 유용한 공구 사용 방법

먹매김(선 긋기)의 기본 기술
곱자와 직각자를 잘 사용한다

목재 위에 톱이나 원형톱으로 자를 선이나 접합하는 위치를 표시하기 위해 선을 긋는 작업을 통틀어 먹매김이라고 한다.

목재를 자를 때의 기본적인 먹매김은 목재의 길이를 필요한 치수대로 가지런히 자르는 것인데, 정확하게 치수를 맞추려면 목재의 긴 변에 수직하는 먹선을 긋는 것이 중요하다.

사진의 곱자와 직각자는 수직선을 쉽게 그릴 수 있도록 고안된 L자형 자이다. 곱자는 긴 쪽(장수)을 목재 가장자리에 바짝 대면 짧은 쪽(단수)은 목재 위에 정확한 수직선을 나타낸다. 표준적인 곱자는 장수가 50cm이지만 작은 가든 하우스를 만들거나 목공 작업을 할 때는 장수가 30cm 정도인 소형 곱자가 사용하기 편하다.

마찬가지로 직각자의 경우는 두꺼운 쪽(단수)을 목재에 걸쳐 밀착하면 길고 얇은 쪽(장수)이 목재 위에 수직선을 정확하게 나타낸다.

먹선은 연필로 그어야 표면이 긁히거나 선이 끊어지지도 않고 확실하게 그을 수 있다. 연필은 HB가 쓰기 편하니 잘 깎아서 몇 개씩 여분으로 준비해두면 좋다.

선을 그을 때는 자 위에서 똑바로 내려다보고 그어야 한다. 비스듬히 보면 곧바로 1mm~2mm의 오차가 생기므로 주의하자.

먹매김에 사용하는 15cm 직각자(위), 30cm 곱자(가운데), 30cm 직각자(아래). 직각자는 한쪽이 두껍다. 곱자는 잘 휘어지는 재질로 만들어진 것이 특징이다.

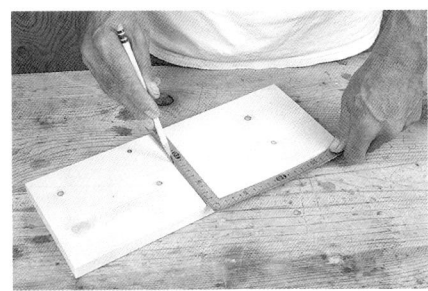

곱자는 휘어지는 성질을 이용해 아래로 눌러 사용하면 안정적이다. 선을 그을 때는 자의 바깥쪽에서 긋는다.

대형 곱자를 사용하면 폭이 넓은 판재에도 사용할 수 있다. 이때도 자의 바깥쪽에서 선을 긋는다.

각재 등과 같이 폭이 좁은 재료에는 소형 곱자가 쓰기 편하다. 두께가 있는 단수를 목재 가장자리에 밀착시켜 사용한다.

가든 하우스 시공에 필요한 목공 지식과 기술 가이드

톱질 상식
먹선을 그어 똑바로 자를 수 있는 위치를 찾는다

톱은 기본적으로 세로톱과 가로톱 2종류가 있다. 세로톱은 나뭇결 방향으로 켤 때 사용하고 가로톱은 나뭇결에 수직으로 자를 때 사용한다.

요즘 DIY에서 톱은 목재의 길이를 맞추기 위해 절단 작업을 할 때 사용하는 경우가 대부분이고, 목재의 폭을 조절하기 위해 나뭇결 방향으로 길게 자를 때는 원형톱을 사용한다. 만약 톱을 구입할 생각이라면 가로톱 하나만 사도 충분할 것이다. 그중 톱날이 잘 들지 않으면 즉시 교환할 수 있는 날 교체식 톱이 경제적이다.

톱은 똑바로 잡고 자르는 것이 원칙이다. 예를 들어 비스듬한 선을 자를 경우에는 톱을 비스듬히 쥐고 자르는 것이 아니라 사진과 같이 목재를 움직여 톱을 똑바로 잡고 자를 수 있는 방향을 찾아야 한다. 똑바로 자르는 원칙을 지키면 실패가 줄어든다. 익숙해지면 톱을 식칼처럼 능숙하게 사용할 수 있지만, 365일 꾸준한 단련이 필요하다.

톱은 먹선을 따라 똑바로 톱질한다. 먹선 바로 위를 자르면 지정한 치수보다 짧아지므로 주의한다.

목재를 절단할 때는 체중으로 누른다

톱으로 목재를 자를 때, 손이나 클램프로 고정해서 자르면 좋다. 가든 하우스처럼 목공 공사에 사용할 정도로 큰 목재를 자를 때는 그림과 같이 목재를 발로 누르고 체중을 이용해 고정하면 안정적이다. 이 방법으로 목재를 절단할 때도 톱은 똑바로 잡고 자르는 것이 가장 중요하다. 시선과 톱날, 먹선을 일직선으로 모아 안정적인 자세로 자르도록 한다.

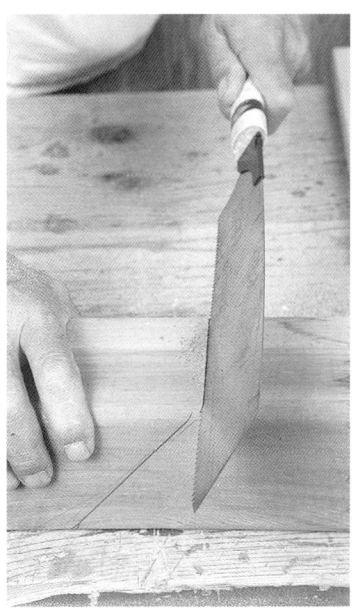

사진처럼 사선으로 된 먹선을 자르면 실패하게 된다.

사선으로 된 먹선은 사진과 같이 목재를 움직여 똑바로 톱질할 수 있는 방향을 찾아 자른다.

큰 목재는 발로 누르면서 자른다. 이 경우에도 똑바로 자른다는 원칙은 변함없다.

절단 속도를 한층 높인다
원형톱의 기본 사용 방법

DIY의 기본적인 공구 중 하나인 원형톱은 전원만 있으면 언제 어디서나 쾌적하게 절단 작업을 할 수 있다.

원형톱은 모터의 힘을 사용해 원반 모양의 날을 회전시켜 목재를 자르는 절단용 전동공구다.

톱과 비교하면 절단력이 뛰어나서 작업 속도를 한층 더 올려준다. 또 날을 교환하면 목재뿐만 아니라 금속판, 아크릴, 베이클라이트, 알루미늄, 벽돌 등도 절단할 수 있다. 다양한 DIY 작업을 즐긴다면 반드시 갖춰야 할 도구다.

일반적으로 원형톱은 날 크기(지름)에 따라 140mm, 165mm, 190mm 이상의 세 가지 모델이 있다. 140mm는 가볍지만 직진 안정성이 약해서 초보자가 자 없이 사용하면 잘 흔들린다. 반대로 190mm는 뛰어난 직진 안전성을 자랑하고 작업 속도도 빠르다(사진은 190mm 모델). 하지만 기계가 크고 약간 무거워서 팔 힘이 필요하다. 보통은 165mm 모델이 누구든지 사용하기 편하다. 게다가 165mm는 날 종류의 변화도 많아서 목공 작업 외에도 사용하기 좋다.

절단할 목재에 날 높이를 맞출 때는 자르려는 목재의 두께보다 팁(날 끝) 1장이 튀어나올 정도로 맞추면 효율적으로 자를 수 있다. 또 원형톱은 전동공구로 친숙하지만 밖으로 드러나는 날이 고속으로 회전하기 때문에 전동공구 중에서 1, 2위를 다툴 정도로 위험한 공구이기도 하다. 그러므로 조작이 익숙해도 방심은 금물이다.

절단 깊이는 0mm부터 미세하게 조정할 수 있으며 절단 외에 홈파기 등에도 이용한다.

보통 몸체 뒤에 있는 나사를 풀어서 날의 높이를 조정할 수 있다.

몸체 앞뒤에 있는 나사를 풀면 최대 45도까지 각도를 기울여 절단할 수 있다.

원형톱은 경사 절단을 위해 날을 기울일 수 있는데, 보통은 베이스에 날이 수직 방향으로 설정된다.

각도자의 분도기로 각도를 조절하면 각도 절단 가공에도 대응할 수 있다.

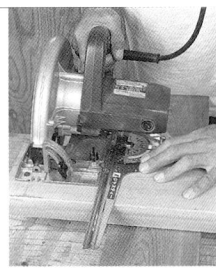

목재에 직각으로 절단한 예. 베이스를 각도자 펜스에 맞춰 똑바로 자른다.

각도자 예. 전국 각지의 DIY 전문점에서 구입할 수 있다.

각도자를 사용하면 훨씬 정확하게 절단할 수 있다

원형톱은 직선으로 자를 때 사용하는 공구인데 손으로만 잡고 작업하면 날의 떨림(손 떨림) 때문에 오차가 생긴다. 정확하게 절단하고 싶으면 사진과 같이 각도자를 원형톱의 펜스(가이드판)로 사용하자. 그러면 정확하게 먹선을 따라 원형톱을 움직일 수 있다.

가든 하우스 시공에 필요한 목공 지식과 기술 가이드

초보자가 사용해도 안전한 대표적인 절단 공구
다용도로 사용할 수 있는 지그소

지그소는 원래 얇은 판을 곡선으로 자르는 용도로 쓰이므로 똑같은 것을 자르더라도 원형톱에 비해 시간이 훨씬 많이 든다. 하지만 톱처럼 위아래로 움직이는 날(블레이드)이 작업하는 손과 떨어져 있어서 작업 과정에서 베이스 플레이트와 재료에 가로막히기 때문에 절단 공구치고는 안전한 편이다.

곡선 절단 외에 직선 절단도 물론 가능하지만 날이 가늘어서 사소한 떨림만 있어도 선이 금방 어긋난다. 지그소로 직선을 자를 때는 118페이지에서 소개한 각도자를 이용해 깔끔한 직선으로 자르자. 절단 작업을 할 때의 요령은 반드시 날이 움직이는 상태에서 재료를 갖다 대고 작업 중에는 베이스 플레이트 전면이 재료에 밀착하도록 움직이는 것이다.

지그소를 선택할 때, 가든 하우스처럼 작업에서 2×4재를 많이 사용하는 경우에는 실용 절단 두께가 침엽수 판재 50mm 정도 이상으로 여유 있는 것을 고른다. 크라프트 같은 합판을 잘라낼 정도로 파워가 강한 지그소 중 절단 능력이 40mm 정도인 모델은 2×4재를 몇 개씩 자르는 사이에 모터가 타버릴 수 있다. 그러므로 파워가 크고 절단 두께 능력을 갖춘 지그소를 선택해야 한다. 스위치 조작으로 날이 앞뒤로 떨리는 운동을 하는 오비탈 기능을 탑재한 모델은 단면이 다소 거칠지만, 절단 속도는 훨씬 뛰어나다.

표준 장착된 날은 일반 목공용이 대부분인데 DIY 작업에는 이걸로도 충분하다. 그래도 좀 더 단면을 깔끔하게 자르는 방식의 날이나 금속판을 자르는 날, 플라스틱 등 용도별로 판매되고 있으니 제작하는 작품에 맞춰 잘 사용하면 훨씬 넓은 범위에서 지그소를 사용할 수 있을 것이다. 지그소가 가장 잘하는 작업은 판재를 곡선으로 잘라내는 것이다. 물결 모양의 곡선 등에 먹선을 미리 긋고 그것을 덧그리듯이 날을 앞으로 밀기만 하면 된다. 장식을 가공할 경우, 오비탈 기능을 해제해서 천천히 자르면 훨씬 깔끔하게 자를 수 있다. 또 날 폭이 매우 좁아 곡선 전용으로 디자인된 날을 사용하면 지름 20mm 정도의 작은 구멍도 도려낼 수 있다.

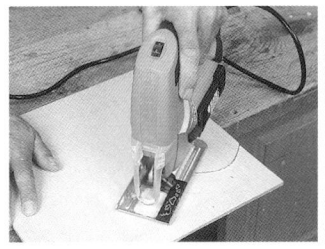

작업의 기본은 베이스 플레이트를 재료 면에 밀착시키고 절단 속도에 맞춰 잘라가는 것이다. 오비탈 기능이 있는 모델이라면 절단 속도를 올릴 수 있다.

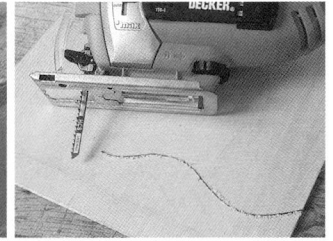

원래 지그소는 비교적 얇은 판재에 그린 곡선을 깨끗하게 자를 때 사용한다. 사진과 같이 순조롭게 가공할 수 있다.

가는 날은 원래 직선 절단에 취약하다. 직선 절단에는 사진과 같이 각도자를 이용해 똑바로 절단한다.

안전해서 다용도로 사용할 수 있는 지그소. 하이 파워 모델은 초보자부터 전문가까지 다용도로 이용할 수 있는 공구다.

DIY를 즐기는 모든 이들의 필수품
드라이버 드릴과 임팩트 드라이버

드라이버 드릴과 임팩트 드라이버의 등장으로 주말 목공 작업에서도 못에 비해 훨씬 강력하고 재료를 쉽게 접합할 수 있는 나무나사를 이용하게 되었다.

전문가도 가든 하우스나 실외 장식품을 만들 때 서로 맞대어 단단히 접합할 수 있는 나무나사를 사용한다.

드라이버 드릴은 전동 드릴에 클러치 기능과 속도 조절 기능을 조합해서 나사를 쉽게 박을 수 있게 만든 공구다. 그뿐만 아니라 강력한 힘을 갖추고 있어서 65mm나 75mm의 긴 나사도 목재 면에 나사머리를 가지런하게 박을 수 있다. 또한 나사를 박는 깊이도 세밀하게 조정할 수 있어서 가든 하우스를 만들면서 창호나 내부 장식 등 외관에 신경 쓰고 싶은 부분을 작업할 때 적합하다.

임팩트 드라이버는 이름 그대로 회전 방향에 타격을 주면서 훨씬 큰 힘으로 나사를 박게 만들어진 공구다. 목공 작업에서는 드릴 비트를 장착해 드릴로 사용할 수도 있다.

힘이 강해서 쉬지 않고 나사를 박아야 하는 우드 덱 바닥 깔기나 가든 하우스 조립 등의 작업을 손쉽게 즐길 수 있다. 단, 대부분의 임팩트 드라이버에는 클러치 기능이 없어서 항상 나사를 힘껏 박게 되는데 침엽수 등에 사용할 경우, 조심하지 않으면 나사머리가 목재 면보다 깊이 파고들어 가게 된다. 그만큼 힘이 강력해서 건축 계통의 작업에서 반드시 필요하며 전문적인 현장에서도 활약하는 공구다.

오른쪽이 임팩트 드라이버, 왼쪽이 드라이버 드릴이다. 둘 다 핸들 아래의 검은 상자 부분이 배터리이며 DIY용으로는 12V~14V급의 파워가 일반적이다. 둘은 척의 형태가 다르다.

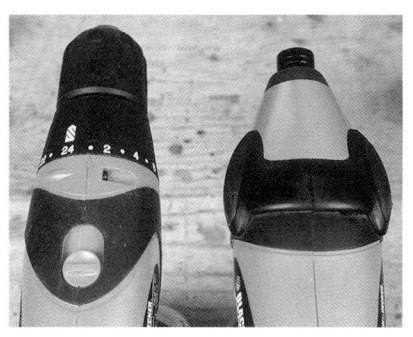

임팩트 드라이버(오른쪽)에는 스위치 등이 없다. 드라이버 드릴(왼쪽)에는 속도 전환용 슬라이드 스위치, 클러치 전환 다이얼 등 수동 스위치 종류가 장착된다.

박을 수 있는 나무나사의 종류. 길이는 20mm~120mm. 몸의 지름에도 종류가 많고 대부분 목공 조립에 사용할 수 있다.

01 척에 끼우는 비트의 예. 사진은 십자나사용 비트
02 드릴 비트를 장착한 예. 사진은 철공용 드릴 비트
03 육각 소켓 비트를 끼우면 볼트와 너트에도 사용할 수 있다.
04 현대의 DIY에서는 쇠망치로 못을 박는 대신에 나사를 이용해 접합한다.

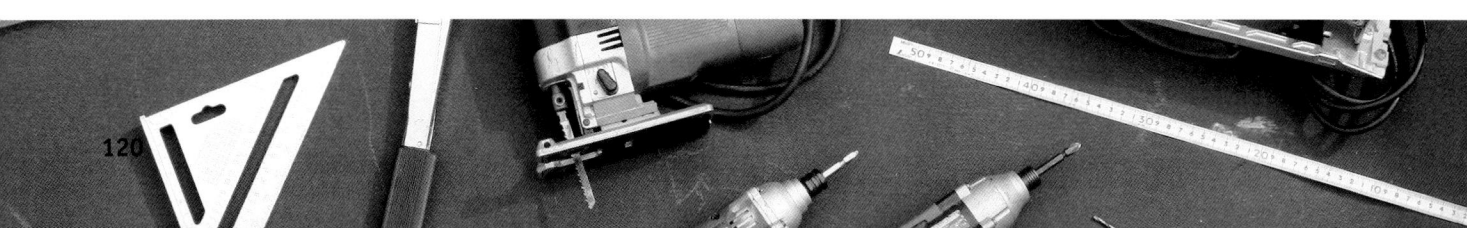

가든 하우스 제작에 유용한 목공 기술

교차하는 목재를 평평하게 짜 맞추는
반턱맞춤

반턱맞춤은 단순히 목재를 맞대는 것보다 훨씬 강력하고 깨끗하게 접합해서 조립하는 맞춤 방식이다.

작업 예로 든 사진에서는 T자형으로 짜 맞췄는데 사실 반턱맞춤은 두 부재를 같은 양만큼 잘라내기만 하면 어느 위치에서든지 만들 수 있다. 깎아내는 부분의 먹선은 실물 치수에 맞추고 직접 재료 크기를 덧그리면 치수를 정확하게 잴 수 있다.

가공할 때는 끌만 사용해 열심히 파내는 방법도 있으나 사진과 같이 원형톱으로 촘촘하게 홈을 파고 나서 깎으면 작업하기가 훨씬 수월하다. 짜 맞출 재료끼리 같은 양만큼 깎아내는 것이 요령이다.

반턱맞춤 만들기

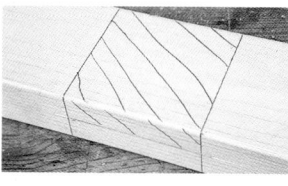

1. 짜 맞출 두 재료에 서로 같은 치수로 먹매김을 해둔다.

2. 맞춤 폭의 양끝 부분에 재료 두께의 반만큼 칼집을 넣는다. 절단 폭을 정확히 해야 하므로 처음에만 톱을 사용한다.

3. 칼집을 넣기 위해 먹선에 맞춰 원형톱의 날 높이를 설정한다.

4. 깎아낼 부분 전체를 사진과 같이 깎아내기 쉽게 끌로 자잘하게 홈을 판다.

5. 홈을 판 부분을 끌로 정성스럽게 깎아낸다. 특히 바닥 부분은 신경 써서 평평해지게 깎도록 하자.

기본적으로 연귀* 절단이 필요한 반턱맞춤

* 연귀: 두 부재를 맞추기 위하여 나무 마무리가 보이지 않게 귀를 45도 각도로 비스듬히 잘라 맞추는 것

6. 짜 맞출 다른 쪽 재료도 사진과 같이 깎아내면 반턱맞춤 완성!

볼트와 너트를 깔끔하게 조립한다
자리파기*

볼트와 너트를 이용한 접합은 기초에 토대를 설치하거나 각재끼리 조립할 때 이용한다.

조립했을 때 볼트와 너트가 목재의 면보다 튀어나오지 않도록 목재를 파서 볼트와 너트를 넣을 수 있는 구멍을 만드는 것을 자리파기라고 한다. 자리파기 구멍의 모양은 사진과 같이 자릿쇠(와셔)의 모양과 똑같이 만들고 볼트의 머리나 너트가 가려지는 깊이까지 판다.

자리파기는 예부터 내려오는 끌로만 파는 방법을 사용해도 되지만 사진처럼 전동 드릴로 미리 지정한 깊이까지 구멍을 뚫어두면 끌로 깎는 작업을 줄일 수 있다.

* **자리파기**(spot facing): 볼트나 너트의 자리를 만들거나 나사의 머리를 집어넣기 위한 절삭가공

자리파기 가공 방법

1 볼트와 너트, 자릿쇠의 관계. 볼트 길이는 각재의 두께에 맞춰 놓는다.

2 파낼 부분의 깊이를 정하고 드릴 비트에 테이프를 붙여 표시한 다음. 자리파기 할 범위 안에 구멍을 뚫는다.

3 자릿쇠의 범위 안쪽에 드릴로 구멍을 뚫은 상태다.

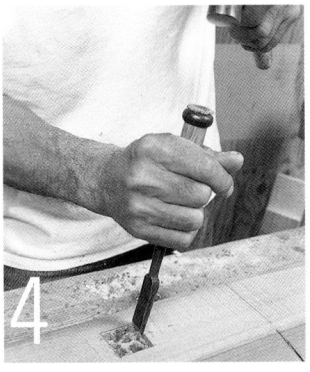

4 먹선 안쪽을 끌을 이용해 파낸다.

5 자릿쇠 모양에 맞춰 자리파기를 한 상태다.

6 자리파기를 한 구멍 바닥에 볼트가 통과하는 구멍을 뚫는다. 구멍 지름은 볼트 지름보다 2mm 정도 크게 한다.

7 자리파기 구멍 중앙에 볼트가 통과하는 구멍을 뚫은 상태다.

8 볼트가 통과해서 왼쪽 ✱의 사진과 같이 자릿쇠를 대고 너트를 조이면 장착 완료.

기둥에 사용하는 4×4재 등과 같이 한층 높은 강도를 요구하는 접합이나 큰 단면의 목재 접합에는 볼트와 너트를 이용한다.

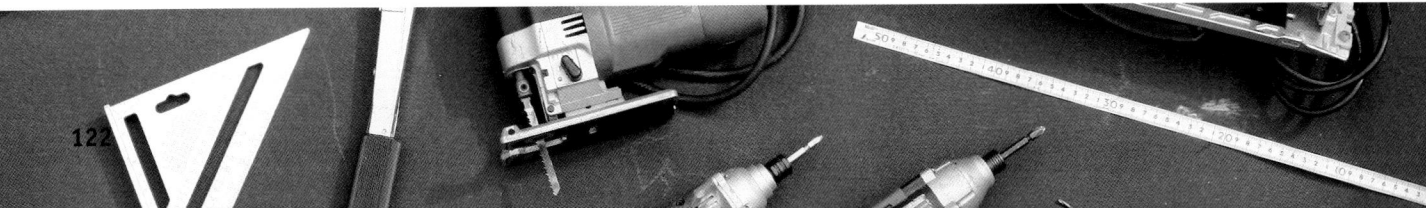

가든 하우스 시공에 필요한 목공 지식과 기술 가이드

규격 외의 폭으로 가공한다
길이가 긴 장척재의 세로 절단

기존의 판재를 필요한 폭만큼 세로로 길게 절단하는 것을 '가르기', '쪼개기'라고 부른다.

작업 도중에 규격에 없는 치수의 판재나 각재가 필요할 때가 많은데 특히 바닥이나 벽 작업을 하면서 2m, 3m 등의 길이로 판재를 잘라야 할 때가 있다. 먹선을 정확하게 그었다고 해도 프리핸드 원형톱으로 똑바로 자르기는 어렵다. 이럴 때는 사진과 같이 '평행자'라고 부르는 자를 원형톱에 장착해서 작업하면 긴 목재도 안정적으로 곧게 자를 수 있다.

원형톱에 붙인 평행자. 표준적인 원형톱에는 베이스 위에 자의 다리가 통과하는 구멍과 나사가 붙어 있다.

길이가 긴 세로 단면에는 평행자를 활용한다.

원형톱을 이용해 쉽게 가공한다
직선 홈파기

홈파기 작업이라고 하면 일반적으로 트리머나 루터를 사용하지만, 직선 홈파기라면 원형톱을 사용해 만들 수 있다.

원형톱을 소개한 부분에서도 설명했듯이 원형톱은 절단 깊이를 마음대로 조절할 수 있으므로 이를 이용해 홈의 깊이를 정한다. 홈의 폭은 날의 두께를 좁은 홈이라고 생각해서 날의 두께만큼만 원형톱을 좌우로 이동하면서 홈을 넓힌다. 원형톱을 안정적으로 움직이려면 사진과 같이 평행자를 사용하자. 그러면 정확하고 안전하게 작업할 수 있다.

원형톱 위치를 가로로 조금씩 움직여서 여러 번 자르면 홈을 만들 수 있다.

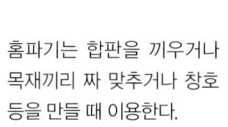

홈파기는 합판을 끼우거나 목재끼리 짜 맞추거나 창호 등을 만들 때 이용한다.

작업에 안정을 주려면 평행자를 사용한다.

자재 가이드와 구입 방법

*제시된 가격은 소비자 가격의 근사치입니다.

규격화된 소재가 사용하기 편하다
목재

2×(투 바이)재는 전국의 DIY 전문점에서 구입하기 쉬운 DIY용 목재다.

2×재는 2×4 공법(틀벽 공법)으로 짓는 목조주택 건축에 맞춰 규격화된 치수로 제재된 목재를 통틀어 일컫는 말이다. 아래의 표를 보면 알 수 있듯이 많은 단면 치수가 규격화되어 있다. 덕분에 판재의 폭을 가공하지 않고 길이만 조정해서 조립할 수 있으므로 DIY에 알맞은 목재라고 할 수 있다.

사용되는 나무의 종류는 SPF재, 웨스턴 레드시더, 레드우드 등이 알려져 있다. SPF재는 Spruce(가문비나무), Pine(소나무), Fir(전나무)를 통합한 명칭으로 대부분이 캐나다 서부에서 수입된다. SPF재는 나뭇결이 곧고 백색을 띠어서 2×4재 공법에서는 구조재 중심으로 사용한다. 외장재로 사용할 경우는 도장 작업이 필요하다.

DIY 전문점에 있는 2×재. 같은 단면이라도 길이가 다양하다.

웨스턴 레드시더는 적갈색을 띤 목재이며 외장재로 사용할 경우라도 원칙적으로 도장 작업을 할 필요가 없다. 그래서 많은 실외 장식품에 사용한다. 또 가공품으로는 2×재 외에 지붕재, 사이딩 등도 제품화되었다.

레드우드는 2×재 중에서는 가장 고급 건축재이며 내구성도 높지만 목재의 절대량이 적어 가격이 비싸다.

여러 종류의 단면. 치수는 위에서부터 4×4, 1×4, 2×4, 2×6, 2×8이다.

2×재 규격 예(단면 치수)	
1×4	19mm×90mm
1×6	19mm×140mm
2×4	38mm×90mm
2×6	38mm×140mm
2×8	38mm×187mm
4×4	90mm×90mm

2×재 가격 예(1장)	
SPF 2×4, 6피트(1820mm)	약 2000원
SPF 2×6, 6피트(1820mm)	약 7000원
웨스턴 레드시더 2×4, 6피트(1820mm)	약 9000원
웨스턴 레드시더 2×6, 6피트(1820mm)	약 1만 원

토대를 단단히 받친다
주춧돌

기둥이나 동자기둥을 받치는 기반 돌로 독립기초의 기초석으로 사용된다. 콘크리트제가 많고 기둥의 단면과 잘 어울리도록 기둥 치수에 맞춰서 75mm나 90mm 등의 기둥을 꽂는 구멍이나 홈이 파여 있다. 또 공중으로 뜨는 것을 방지하기 위해 접합용 직사각형 판이 붙어 있는 것도 있고 안정성이 뛰어난 받침 형태로 된 것도 많다. 보이드관 등 원통 모양의 틀을 사용해 현장에서 콘크리트를 박아 직접 만들 수도 있다. 다실 등의 일본식 건축에서는 자연석을 사용하는 경우가 많다.

기둥구멍 크기가 90mm인 콘크리트 주춧돌 가격 예
1개 약 1만 원

기둥이나 장선을 끼워 넣을 수 있는 콘크리트 주춧돌

가든 하우스 시공에 필요한 목공 지식과 기술 가이드

기초가 가라앉지 않게 한다
쇄석

쇄석 가격 예
20kg 1봉지 약 3000원

지반이나 기초를 다지기 위해 자연석을 기계로 깎아 4cm 정도 크기의 날카로운 자갈을 만든 것이 바로 쇄석이다. 쇄석은 다지면 단단히 굳어지는 특성이라서 기초의 기반을 만들 때 반드시 필요한 자재다.
DIY 전문점에서는 20kg짜리 봉투로 판매하는 경우가 많다. 거주 지역의 모래나 블록을 취급하는 자재 전문점에서도 판매된다. 이런 매장에서는 무게를 재서 파는 곳이 많다.

지반을 단단히 다질 수 있는 쇄석은 토목 공사의 기본 자재다.

실내 분위기도 좌우한다
플로어링

바닥재 가격 예
복층 1818mm×303mm×12mm 1장 약 1만 원
단층 1818mm×90mm×15mm 1장 약 7000원

소재의 느낌을 살린 단층재를 사용한 바닥재 사례

플로어링은 바닥재를 말한다. 신발을 벗고 들어가는 일본 주택에서는 방안을 걸을 때의 감촉을 고려해서 잘 휘는 목재나 부드러운 제품을 사용한다. 가든 하우스 같은 건물에서는 자연스러운 질감을 표현하기 위해 2×6재 등을 바닥재로 사용하는 것도 좋다.
전용 바닥재로는 폭 100mm 정도의 1장짜리 판재로 만든 단층 바닥재와 합판을 사용해 폭이 300mm 정도 되는 복층 바닥재가 있다. 복층의 제품은 값이 저렴하나 바닥에 깔았을 때 고급스러운 느낌을 주지는 못한다. 단층 바닥재는 소재의 느낌이 제대로 살지만 정기적으로 왁스칠 등을 해서 관리해야 한다.

지붕 방수 대책에 반드시 필요하다
루핑

루핑 가격 예
21m짜리 1롤 3만 원

지붕의 기초와 방수를 위해 지붕널 위에 까는 방수시트다. 방수를 제대로 하려면 지붕 전면에 꼼꼼히 붙여놓아야 한다. 루핑을 깔면 빗물이 새지 않을 뿐만 아니라 지붕 마감재 안쪽에 맺히는 이슬로 생기는 누수도 방지할 수 있다. 보통 롤 형태로 판매하므로 이것을 필요한 길이로 잘라서 지붕널 위에 붙인다. 붙일 때는 타커를 사용해 스테이플을 박아 고정하는 방법이 일반적이다.
루핑은 지붕 아래쪽에서 지붕널의 직각 방향으로 붙인다. 지붕의 마룻대 방향으로 붙일 때 먼저 붙인 루핑에 100mm 이상 겹쳐서 다음 단을 붙인다. 가로 방향으로 연결할 때는 200mm 이상을 겹친다. 마룻대(지붕 꼭대기)에서는 100mm 이상을 겹쳐 붙여야 충분히 방수력을 발휘할 수 있다.

사진과 같이 루핑은 지붕 전체에 덮어씌워 고정한다. 목재는 임시로 고정하여 발판으로 사용했다.

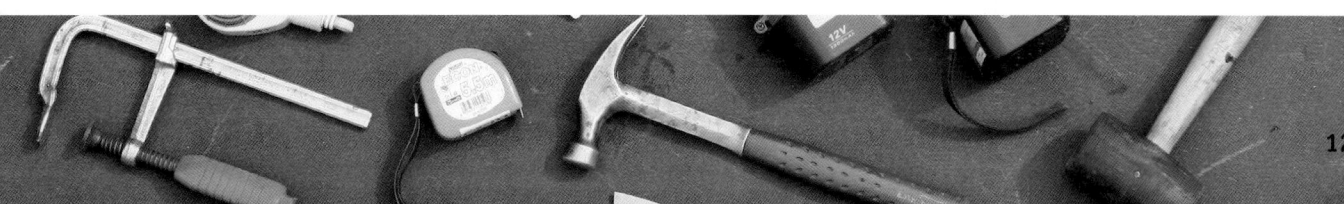

여러 가지 색상을 선택할 수 있는 지붕 마감재
싱글

싱글은 지붕을 마감할 때 사용하는 얇은 판재를 말하지만 여기서는 아스팔트 싱글을 가리킨다.

아스팔트 싱글은 토대 재료(아스팔트 펠트 등)에 아스팔트를 칠해 만든 지붕 마감재(아스팔트라고 해도 끈적거리는 것은 아니다)로, 가볍고 가공하기 편해서 곡면이나 울퉁불퉁한 면에도 사용할 수 있다. 현재는 불연 싱글이 시중에 판매되어 일반 주택에서도 사용된다.

지붕 마감재 중에서는 초보자가 가장 사용하기 편한 재료라고 불리며, 색상도 종류가 많아서 녹색 계열이나 적색 계열 등 개인의 취향에 맞출 수 있다.

싱글을 지붕에 붙일 때는 전용 접착제나 못을 사용하고 지붕의 처마 쪽에서 마룻대 방향으로 붙인다. 이때 기본적으로 위아래 폭의 절반씩을 겹쳐서 붙이고, 마룻대 부분은 싱글로 감싸듯이 겹쳐서 붙인다.

싱글 가격 예
20장 팩 1세트 약 4만 원

01 싱글은 지붕 표면을 마감하므로 전용 못이나 접착제를 사용해 단단하게 고정한다.
02 세로 폭은 사진과 같이 절반씩 옮기듯이 겹쳐서 설치한다.

01 DIY 전문점에서 판매하는 합판은 3×6판이라고 부르는 1800mm×900mm짜리 합판이 많다.
02 합판은 면에 사용하는 부재로서 여러 부분에 이용할 수 있다.

넓은 면적을 합리적으로 가공할 수 있다
합판

합판 가격 예(1800mm×900mm)
보통 12mm 1장 약 1만 원
보통 9mm 1장 약 1만 원

목재를 얇게 깎아 만든 판을 베니어라고 해서 베니어합판이라고도 부른다. 판을 층층이 쌓아 만든 판재로 영어로는 플라이 우드라고 한다.

합판은 얇은 판이 서로 수직 교차하도록 홀수 장을 붙여서 만든다. 시중에 판매하는 크기는 3×6판이라고 부르는 900mm×1820mm가 일반적이다. 그 밖에도 훨씬 큰 4×8(1200mm×2400mm) 크기와 작은 크기도 있는데 DIY 전문점에서 구하려면 주문해야 하는 경우가 많다. 두께는 3mm 정도부터 24mm 이상까지 폭넓게 제조된다. 또 합판의 성질은 사용하는 목재보다 접착제에 의해 좌우되는 요건이 크다.

방수성을 높여야 하는 가든 하우스에서는 JAS의 등급 분류 중 특급인 보통 합판 9mm와 1급인 안전내구성 합판을 선택하면 좋다. 단, 야외에 노출되는 부분은 반드시 외벽용 도료를 칠해야 한다. 실내에서는 보통 합판의 저포름알데히드 제품(F1~F3 표시)을 선택할 수도 있다.

합판은 넓은 범위를 한 번에 처리할 수 있는 편리한 자재이다. 그러나 소재의 질감이 다소 무미건조하므로 마감재로 쓰기에는 무리가 있으므로 구조의 보조적 부재나 밑바탕을 까는 자재로 활용하자.

가든 하우스 시공에 필요한 목공 지식과 기술 가이드

집의 인상을 결정하는 외벽 마감재
사이딩

건물의 외벽 마감재를 말한다. 내장 마감재는 패널링이라고 한다. 합판으로 조립하기만 해서 전혀 볼품없는 벽도 사이딩을 붙여 마감하면 몰라볼 정도로 훌륭해진다. 넓은 범위를 덮는 부재이므로 지붕과 함께 가든 하우스의 외관 분위기를 만드는 결정적인 역할을 한다.

가든 하우스에서는 판재를 가로로 붙여 비늘판벽을 만들거나 은촉이 붙은 판을 세로로 붙이는 등 디자인에 신경 쓰는 부분이 바로 외벽이다.

모르타르를 쉽게 접착할 수 있는 라스보드(석고판)를 바탕에 깔면 외장용의 회반죽 마감재를 사용해 개성적인 느낌을 줄 수도 있다.

01 사진은 판재를 조금씩 겹쳐서 가로 방향으로 붙인 비늘판벽의 모습이다.
02 사진과 같이 판재 가장자리를 반쯤 깎아 서로 합쳐서 외벽에 가로 대는 것은 독일식 비늘판이라고 한다.

> **사이딩 가격 예 (삼나무 판)**
> 홑판 1800mm×180mm×12mm 1장 약 2000원

최소한 튼튼하게 조립하고 싶다면 이것을 사용하자!
심슨(Simpson)사의 보강 철물

심슨사의 보강 철물은 미국에서 제조한 2×4 공법 전용의 접합용 철물이다. 원래 주택용 접합 철물을 만들었는데, 2×재를 사용하는 우드 덱이나 창고, 펜스 등 정원 외부 장식용 철물도 많이 제조한다.

심슨사의 철물은 한 군데를 접합할 때 나사(또는 못) 여러 개를 사용해서 목재끼리 강력하게 짜 맞추도록 디자인되어 있다. 제대로 된 DIY 전문점이라면 심슨사의 철물 전용 코너도 마련되어 있으므로 쉽게 찾을 수 있을 것이다. 누구든지 실패 없이 충분한 강도로 목재를 접합할 수 있어서 나사 고정만으로는 조금 불안한 사람이라면 주목할 만한 자재다.

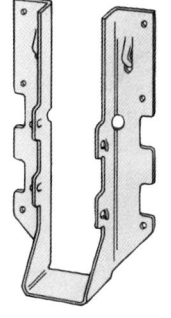
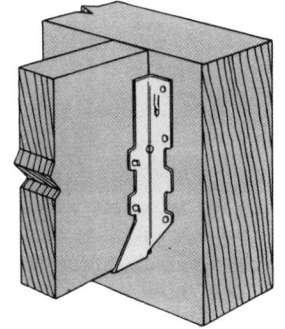

더블 페이스 마운트 행거 LUS26
2×6재를 장선에 붙이기 위한 연결 철물. 2×4재용도 있다(가격은 1개 약 1200원).

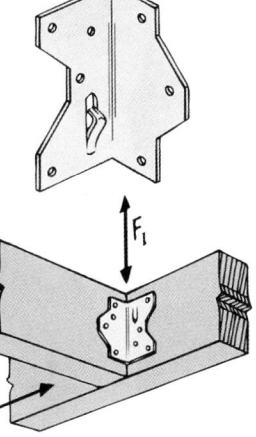

프레이밍 앵커 A34
2×4재를 사용한 뼈대 조립 전반에 이용할 수 있다(가격은 1개 약 500원).

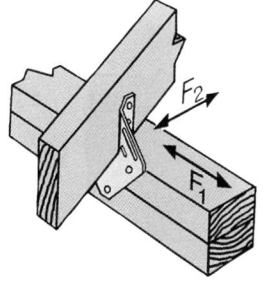

허리케인 타이 H1
지붕의 서까래를 고정하고 바람에 의해 공중에 뜨는 것을 방지한다(가격은 1개 약 1000원).

가든 하우스를 직접 만들 때 필요한 공구 갖추기

아무리 크기가 작아도 자기 힘으로 직접 집 한 채를 만드는 작업이라
꽤 많은 도구가 필요할 것으로 생각하기 쉽지만 최소로 필요한 물건은 우드 덱을 만들 때와 거의 비슷하다.
표에서 '가능하면 필요함'이나 '있으면 전문가급'에 해당하는 공구는 공구에 대한 애착이 강하거나
DIY를 적극적으로 즐기는 경우가 아니라면 굳이 살 필요는 없다.

* 자세한 용어 설명은 색인을 참고해주세요.(130페이지)

도구	필요함	가능하면 필요함	있으면 전문가급	유용한 의견
전동공구				
원형톱	○			절단을 위한 기본 공구. 표준 톱날 지름은 160㎜. 톱날이 밖으로 드러나므로 항상 주의해서 사용해야 한다.
지그소	○			합판이나 판재를 잘라내거나 곡선을 절단할 때 활약하는 공구. 모양을 내서 절단할 때도 사용하기 편하다.
임팩트 드라이버	○			나사의 회전에 타격력을 강화한 나사 조임 공구. 구조재 조립 작업에서 빠뜨릴 수 없다.
드라이버 드릴		○		회전력 조절 기능으로 부재의 강도에 맞게 나사머리 높이를 맞춰서 나사를 조일 수 있다.
전기 대패		○		원목을 가공하거나 판재 두께를 재빨리 조정할 수 있는 공구. 있으면 상당히 편리하다.
샌더		○		연마하고 깎아내는 줄 가공이나 간단한 수정에도 이용할 수 있다. 랜덤형을 추천한다.
슬라이드 원형톱			○	길이나 각도를 맞춰서 기둥재를 다량으로 정확하게 자를 때 최고의 실력을 발휘한다.
원형톱 테이블			○	가구를 만들 때의 중심적인 절단 공구. 창호를 정확하게 만들거나 나중에 가구를 만든다면 구매할 가치가 높다.
루터*			○	홈 가공이나 각종 절삭에 이용할 수 있다. 잘 다루면 매우 효과적이지만, 우선 공구의 특성에 익숙해져야 한다.
에어공구				
에어 임팩트 드라이버			○	2×4 공법의 뼈대 조립 등 나사를 조일 때도 에어를 사용하면 나도 미국인 목수가 된 것 같은 느낌이 든다.
에어 타커			○	에어만이 가진 강점을 살려 넓은 면적에 루핑을 깔 때도 기분 좋게 작업할 수 있다.
에어 타정기(네일건)			○	굵은 못이나 가는 못 등 공구를 구분해서 사용하면 건축의 모든 부분에 이용할 수 있다.
수공구				
톱	○			주요 공구는 아니지만 세밀한 작업에서 반드시 필요하다. 가로톱 하나만 마련하면 된다.
쇠망치	○			못 박기 외에도 두드리는 작업 전반에 등장한다. 건축에서는 무거운 종류가 사용하기 편하다.
커터	○			난폭하게 사용해도 견딜 수 있는 칼날 폭을 가진 L 사이즈의 부러지는 날 커터가 무난하게 사용하기 좋다.
고무망치	○			목재끼리 두들겨 박거나 수평을 세밀하게 조정하는 등 현장에서는 부재에 흠집을 내지 않고 두들겨야 할 때가 많다.
타커	○			루핑을 깔 때 빠뜨릴 수 없는 도구. 건 모양과 해머 모양이 있다.
노루발못뽑이	○			필요 없는 부재나 일시적인 보강재를 철거할 때 사용하는 대형 못뽑이다.
클램프	○			일손이 부족할 때 부재를 받치는 등 편리하게 사용할 수 있다. 중형 이상을 사용한다.
끌	○			구멍을 파는 것 외에 모서리를 세세하게 깎을 때도 사용할 수 있다. 잘 갈아두어야 한다.
스크레이퍼		○		부재를 깎는 것 외에 기초의 구멍을 깔끔하게 정리하는 등 여러 가지로 쓸모가 있다. 큼직한 것을 사용한다.

가든 하우스 시공에 필요한 목공 지식과 기술 가이드

도구	필요함	가능하면 필요함	있으면 전문가급	유용한 의견
토목, 미장이 공구				
삽	○			기초 만들기 등의 지면 공사에 사용하는 필수품. 가정의 상비품이 있으면 그것을 이용하면 된다.
탬퍼	○			지면을 두들겨 다지는 누름쇠. 통나무나 곰목 자투리로 직접 만들 수도 있다. 가능한 한 무거운 것이 좋다.
엔진 래머			○	엔진의 진동으로 지면을 두들겨 다지는 공구. 임대해서 이용할 수도 있다. 넓은 면적 공사에 사용한다.
양동이	○			가정 비품으로 충분하지만 튼튼한 미장이용 양동이 상품도 있다.
반죽통		○		모르타르나 콘크리트를 만들 때 사용한다. 적당한 합판이나 불필요한 상자 종류로 대신해서 사용할 수 있다.
흙손	○			미장이 작업을 깔끔하게 마감하고 싶다면 상황에 적합한 흙손을 갖춰둬야 한다.
레이크*		○		넓은 범위의 땅을 고른다면 구비하는 편이 좋다. 각재를 T자 모양으로 짜 맞춰 직접 만들 수도 있다.
계측 도구				
자	○			가든 하우스 정도의 건축용이라면 JIS 마크를 획득한 5.5m의 철제 줄자를 사용한다.
수준기	○			여유가 되면 90cm와 30cm짜리 두 대를 준비하면 편리하다. 한 대라면 60cm를 선택해도 전혀 불편함이 없다.
직각자		○		대형 직각자가 있으면 직각을 정밀하게 확인할 수 있다. 목재를 먹매김할 때도 편리하다.
곱자	○			목공 작업의 기본적인 자. 자신이 사용하기 편한 치수의 자를 준비해두자.
초크 라인	○			길이가 긴 직선의 먹매김을 빨리할 수 있다. 액체 식보다 초크(색가루)가 사용하기 편하다.
수평실	○			기준선 설정 등 기본적인 측량에서 사용된다. 작은 가든 하우스 정도에서는 그다지 사용하지 않는다.
기포관 수준기	○			정확한 기초 높이와 수평을 산출할 때 사용한다. 큼직한 투명 관으로 대용할 수 있다.
추		○		기둥이나 벽 등의 수직을 확인할 때 사용한다. 추가 없으면 작은 돌이나 동전을 추 대신 사용해도 된다.
레이저 레벨기*			○	내부 장식이나 창호의 설치 위치를 정확하고 간단하게 설정한다. 수준기와 자를 사용하면 동일하게 사용할 수 있다.
기타				
발판 사다리	○			지붕이나 벽 윗부분의 작업에 사용한다. 높이가 같은 것이 두 대 있으면 발판용 판재를 걸쳐서 간이 발판을 만들 수 있다.
사다리		○		지붕에 오르내리거나 할 때 사용한다. 잘 미끄러지지 않는 것을 선택한다.
코드 릴	○			콘센트에서 현장까지 거리가 있는 경우의 필수품이다.
조명		○		내부 장식 작업이나 해가 저물 때까지 작업하는 경우 필요하다. 방수형이 야외에서 사용해도 안심할 수 있다.

✽ 색인

가새: 골조의 변형을 방지하기 위하여 대각선 방향으로 넣는 경사재
귓기둥(隅柱, 우주): 골조의 모퉁이에 있는 튼튼한 기둥
꺾쇠: 잇댄 두 부분을 견고하게 거머잡기 위해 ㄷ자형으로 구부린 쇠못의 한 가지. 거멀못
독립기초: 기둥 등의 하중을 1개의 기초로 받는 것
들보: 방의 칸과 칸 사이를 가로질러 두 기둥 또는 두 벽체 위에 놓이는 구조목
레이저 레벨기: 공사 현장에서 수평을 잡아주는 기계
레이크: 흙을 고르거나 풀을 긁어모으는 데에 쓰는 곰발처럼 생긴 쇠갈퀴
루터: 고속으로 회전하는 커터 헤드가 달려 있어 특수한 홈이나 구멍을 파는 목공 기계
마룻대: 지붕의 정점. 즉 용마루에 있는 중심 틀 부재
마룻대공: 마룻보 위에 마루를 받쳐 세운 동자기둥(들보 위에 세우는 짧은 기둥)
문미: 창문 위에 가로 댄 나무로 그 윗부분 벽의 무게를 받쳐줌
밑깔도리(bottom plate): 속바닥에 깔아 벽을 높이거나 칸막이의 가장 밑에 있는 수평 부재
박공: 박공지붕의 옆면 지붕 끝머리에 '∧' 모양으로 붙여놓은 두꺼운 널빤지
사개맞춤: 목조 이음의 하나로 부재를 가공해서 서로 끼워 맞추는 이음법
서까래: 지붕의 하중을 지지하기 위해 설계된 구조용 부재
아스팔트 싱글: 아스팔트 타르와 모래를 거친 섬유에 접착시켜 만든 지붕널
왕대공(king post): 지붕을 지지하기 위해 경사진 서까래의 정점과 들보 사이에 수직으로 세운 짧은 기둥
윗깔도리(top plate): 벽이나 칸막이, 샛기둥에 못으로 고정되는 가장 위에 있는 수평 부재
장선: 마루 밑을 일정한 간격으로 가로로 대어 마루청을 받치게 한 나무
줄기초: 건축물의 벽체 또는 기둥의 하중을 지지하는 연속한 기초
중도리: 지붕의 가장 높은 곳에 있는 마룻대와 평행하게 배치되어 처마도리 사이에서 서까래를 받치는 가로대
처마널: 서까래가 보이지 않도록 처마 테두리에 돌려 붙인 판재
천장 장선: 천장 덮개가 붙어 있는 수평 부재
테두리보: 깔도리. 벽이나 기둥 등의 뼈대 위에 가로로 걸치고, 지붕보의 한끝 또는 장선 등을 받치는 부재
트러스: 직선으로 된 여러 개의 뼈대 재료를 삼각형이나 오각형으로 얽어 짜서 지붕이나 교량 따위의 도리로 쓰는 구조물

내 손으로 짓는 작은 집
가든 하우스 만들기

1판 1쇄 인쇄 | 2014년 4월 18일
1판 1쇄 발행 | 2014년 4월 25일

지은이 《두파!》 편집부
옮긴이 박재영
펴낸이 김기옥

실용본부장 박재성
편집 류인경, 정상미
영업 김선주
지원 고광현, 이봉주, 김형식, 임민진

디자인 네오북
인쇄·제본 (주)상지사P&B

펴낸곳 한스미디어(한즈미디어(주))
주소 121-839 서울시 마포구 서교동 양화로 11길 13(서교동, 강원빌딩 5층)
전화 02-707-0337 | 팩스 02-707-0198 | 홈페이지 www.hansmedia.com
출판신고번호 제 313-2003-227호 | 신고일자 2003년 6월 25일

ISBN 978-89-5975-609-4 13630

책값은 뒤표지에 있습니다.
잘못 만들어진 책은 구입하신 서점에서 교환해 드립니다.